PRIVATE SICHERHEIT WELTWEIT

ein Weckruf

Christoph Elfeldt

Inhaltsverzeichnis

Christoph Elfeldt   Private Sicherheit weltweit

Impressum

© 2024 Christoph Elfeldt
Herstellung und Verlag:
BoD – Books on Demand, Norderstedt
ISBN: 9783758369148

Ein globaler Überblick

In meinem ersten Buch über die private Sicherheit, das ich unter dem Pseudonym „Max Schreiber" verfasst habe, ging es in erster Linie um die Lage derselben in Deutschland und erst in der zweiten Linie um die weltweite Situation. Das Werk heißt „Mit Sicherheit – Licht und Schatten im privaten Sicherheitsgewerbe" und ist ebenfalls im BoD Books on Demand-" Verlag in Norderstedt erschienen. Diesmal ist es umgekehrt. Unsere Reise beginnt zwar hierzulande, den Schwerpunkt bildet jedoch das Ausland, vor allem Afrika.
Auf unserem Erdball arbeiten rund 20 Millionen Menschen als private Wach- und Sicherheitsleute. Sie stehen, was die Bezahlung betrifft, am unteren Ende der Skala. Die Lohnhöhe richtet sich am landesüblichen Mindestlohn, kann jedoch ebenso etwas darüber liegen. Jedoch kann es auch durchaus passieren, dass das Sicherheitspersonal ihre Überstunden nicht bezahlt bekommt oder dass ihre Bezahlung den Mindestlohn unterbietet.

Damit noch lange nicht genug. Private Wachkräfte leben sehr gefährlich. Sie werden im Dienst durchschnittlich mehr als doppelt so viel verletzt als Arbeitende anderer Branchen. So beträgt die Zahl getöteter privater Wachkräfte das doppelte von getöteten Polizeikräften.

Dazu kommen auch die noch finanziellen Belastungen. Neben den Übergriffen, die von Menschenhand begangen werden, können unter anderen Stolpern, Stürze oder sogar Tierbisse hinzukommen. Zwar soll die Objektgefahrenanalyse all das natürlich vermeiden helfen, doch das ist alles andere als selbstverständlich.

Im Jahr 2018 wurde bekannt, dass die Lebenserwartung von Sicherheitskräften 62 Jahre beträgt und das nicht etwa in einem Entwicklungsland, wie Bangladesh. Nein, hier ist die Rede von einem hochentwickelten Industrieland namens Großbritannien.

Eine indische Studie stellt klar, dass vornehmlich Wachfrauen unter negativem Stress leiden. Die Arbeitsbelastung mit wenigen Pausen, im Gegensatz dazu aber umso längere Arbeitszeiten und das Fehlen von Familienfreundlichkeit, das mitsamt eher schlechte Organisieren von organisatorischen Fragen, ja, die Liste fragwürdiger Arbeitsbedingungen ist lang und ergiebig. Sie ließe sich problemlos fortsetzen. Sehr wichtige Themen sind die Luftverschmutzung, Lärm und nicht zu vergessen die Arbeitsplatzsicherheitslage sowie schwierige Karrieremöglichkeiten.

Bevor es hier in Deutschland los geht noch ein kleiner Hinweis. Zum ersten: alle *Gegebenheiten,* die in diesem Buch vorkommen, entsprechen der Wahrheit. Die *Begebenheiten* in diesem Werk, sprich, die Personen, sind Erfindungen des freien Geistes. Sollten sich Parallelen zu lebenden oder zu bereits verstorbenen Personen und Geschehnissen ergeben, wäre das stets unbeabsichtigt und rein zufällig. Zum zweiten: der Autor arbeitet seit 2008 selbst als „einfacher" Wachmann in der privaten Sicherheitswirtschaft. Genug der Vorrede. Theo, Bea und Lars beginnen ihre etwas andere Weltreise in

Deutschland

Zuerst lernen wir die Nora aus Jena in Thüringen kennen, hören ihren Bericht:

„Seit über 10 Jahren bin ich als Wachfrau im Wechselschichtdienst für eine große Behörde in Jena tätig, ich bin 59 Jahre alt, verheiratet und Mutter zweier inzwischen längst erwachsen gewordenenn Kindern. Die Einstiegsbarrieren, um in der privaten Sicherheitsbranche zu arbeiten, sind recht niedrig. Mit dem vor der IHK bestandenen *Sachkundenachweis gemäß Paragraph 34a Gewerbeordnung*, der keinen Status als Ausbildung besitzt, gelte ich als Hilfskraft und verdiene in Vollzeit, die bei uns mit 172 Stunden im Monat beginnt, knapp 2300 € brutto. Mit diesem Verdienst liege ich vergleichsweise etwas unter dem Niveau von Hilfskräften, die in anderen Wirtschaftszweigen arbeiten.

Rein wirtschaftlich gesehen besetzen wir die untersten Stufen der Erfolgsleiter, was aus der Logik unserer männlich geprägten Leistungsgesellschaft erklärbar ist und anscheinend der Grund dafür ist, dass in der Öffentlichkeit recht wenig über unsere Branche gesprochen wird. Falls es doch der Fall ist, dann reden andere über uns. Schlagzeilen machen wir hauptsächlich dann, wenn privates Sicherheitspersonal in Flüchtlingsunterkünften Asylsuchende zusammenschlägt.

Dabei wird die sich anständig verhaltende Mehrheit in der öffentlichen Wahrnehmung viel zu oft ausgeblendet. Es gibt jedoch Foren, in denen sich Sicherheitsleute gegen Intoleranz sowie Rassismus und Sexismus in unserem Gewerbe wehren.

Der *BdSW,* sprich, der *Bundesverband der Sicherheitswirtschaft* vertritt die Interessen der privaten Wach- und Sicherheitsunternehmen und hat sich an die Politik gewandt. Er wünscht sich, dass private Wachhabende alsbald staatliche Minimalbefugnisse erhalten sollen.

Konkret bedeutet das folgendes: im Sicherheitsgesetz soll es festgeschrieben werden, dass das private Wachpersonal künftig Platzverweise aussprechen und ebenso die Personalien feststellen darf, insofern es in der kritischen Infrastruktur tätig ist. Dazu gehören Krankenhäuser, Bahnhöfe, Flughäfen sowie Wasser - und Elektritzitätswerke und dergleichen mehr.

Nach dem von dem *BdSW* geforderten Sicherheitsgesetz soll unser Berufszweig als systemrelevant eingestuft werden. Das *Bundesministerium für Inneres (BMI)* möchte, dass alles so bleibt, wie es ist.

Hierbei ist besonders interessant, dass das Streikrecht für die privaten Wach- und Sicherheitskräfte, die in den Bereichen der kritischen Infrastruktur ihren Dienst tun, eingeschränkt werden soll. Dazu zählen meines Wissens auch Citystreifen.

Zuweilen denke ich, dass der BdSW am allerliebsten allen privaten Wachkräften das Streiken verbieten möchte. Warum? Weil dann bestimmt zur Sprache käme, dass wir unbeteiligte Dritte in Geiselhaft nehmen würden. Ich denke, die Mehrheit der Kundschaft sieht das nicht anders. Beste Qualität zum niedrigsten Preis, das will die Kundschaft unbedingt haben.

Und nicht nur die. Handeln wir nicht alle, egal, ob wir es nötig haben oder nicht, genau nach der selben Maxime und ist da nicht viel Heuchelei im Spiel, wenn wir dagegen argumentieren?

Wie dem auch sei, soviel ich weiß, sind jedoch die allerwenigsten Wachleute gewerkschaftlich organisiert. Ein Streik von uns gewöhnlichen Sicherheitskräften ist, so meine ich, sehr unwahrscheinlich. Aus all diesen Gründen bin ich für ein Streikverbot, wenn es im Gegenzug einklagbare Gesetze gibt, die uns davor schützen, vonseiten der Arbeitgebenden ausgebeutet und ausgenutzt zu werden.

Um die Forderungen des vom *BdSW* geforderten Sicherheitsgesetzes auch richtig durchsetzen zu können, müssten zuvor auf alle Fälle zwingend Schulungen stattfinden, um damit drei Fliegen mit einer Klappe zu schlagen. Als erstes müssten die Qualifizierungen in unserer Branche angehoben werden, um der von Sicherheitskräften ausgehenden Gewalt gegen Menschen, die ohne Obdach, nicht weißhäutig oder was auch immer sind, zu beenden. Menschenrechte sind unteilbar. Zweitens käme es zu höheren Barrieren für den Einstieg in unseren Berufszweig und zum dritten wäre es möglich, unser Ansehen in der Öffentlichkeit deutlich anzuheben.

Noch sieht die Realität so aus: für die Wachbetriebe kommt zuerst der Gewinn, danach kommen zuerst die Wünsche der Kundschaft, wir Sicherheitsmitarbeiter und -arbeiterinnen kommen meistens zuletzt an die Reihe. Anders kenne ich es kaum, der Wettbewerb unter den Wachbetrieben ist hart, der Preis bestimmt, welchem Unternehmen der begehrte Wachauftrag letztlich erteilt wird.

Zudem konkurrieren wir, soviel ich weiß, immer mehr mit dem Rechner. Der dürfte bald nicht in unserer Branche viele Jobs mehr und mehr ersetzen, davon bin ich fest überzeugt.

Obwohl die Arbeitszeiten mittlerweile wesentlich flexibler geworden sind, die 12-Stundenschichten existieren weiterhin, obwohl einige Bewachungsaufträge vier, sechs oder acht Stunden betragen. Vollzeit heißt bei uns, 172 Stunden pro Monat im Dienst zu sein. Das schließt Nacht- und Wochenenddienste sowie Feiertagsarbeit mit ein. Natürlich können Überstunden noch obendrauf kommen. Allerdings dürfen 220 Monatsstunden nicht mehr überschritten werden.

Das kenne ich beileibe noch anders, dann klingelt nachts um drei Uhr das Telefon und holt dich aus dem Schlaf. Du drehst dich noch einmal um, ignorierst das Klingeln. Es dauert gar nicht lange und es bimmelt erneut. Die Arbeit ruft, du gehst ran. Am anderen Ende der Leitung wird vorwurfsvoll gefragt, warum man denn nicht sofort den Hörer abgenommen hat?! Der Kollege für die Tagesschicht hat sich krank gemeldet, niemand ist erreichbar gewesen, also los zum Dienst. Aber schnell, wenn es geht, der Kollege möchte nach 12 Stunden endlich ins Bett. Auf diese Art konnten schnell bis zu 300 Stunden monatlich zusammenkommen. - Solche Situationen gab es und so würde es mich nicht wundern, wenn es sie heute noch gibt, wenn auch in abgeschwächter Form.

Eigentlich wird, und das dürfte nicht nur ich immer wieder so erlebt haben, ständige Erreichbarkeit nicht nur von uns erwartet, sondern vielmehr gefordert. Die Dienstpläne sind oftmals das Papier nicht wert, auf dem sie geschrieben wurden. Fast immer bedeutet das Mehrarbeit.

Nach meinen Erfahrungen bemühen sich die Geschäftsleitungen durchaus, zu der Mehrarbeit einen Ausgleich zu schaffen, aber das gelingt aufgrund des großen Arbeitskräftemangels eher selten. Wir Älteren, so ab 50 aufwärts, nehmen das eher hin als die Jüngeren und freuen uns, mit , Stand 2023, etwa 13,50 € brutto pro Stunde etwas über dem gesetzlichen Mindestlohn zu liegen.

Jüngere akzeptieren das weniger, haben oftmals ein zu hohes Anspruchs- und Besitzstandsdenken und jammern ständig, zu wenig Geld zu verdienen.

Ein jüngerer Kollege von mir hat kürzlich die Prüfung zur Geprüften Schutz- und Sicherheitskraft bestanden, wobei der Lohnunterschied zwischen ihm und uns Sicherheitskräften nicht allzu hoch ist. Hinzu kommt, dass weite Teile der Kundschaft allein aus Kostengründen derartige Fachkräfte überhaupt nicht erst nachfragt. Jobs für Hochqualifizierte sind, soweit es mir bekannt ist, in der Wach- und Sicherheitsindustrie dünn gesät. Das ist vor allem für uns Frauen ein sehr großer Nachteil.

Die meisten bleiben, was sie sind: so genannte Sicherheitsfachkräfte mit dem Nachweis, dass sie die bereits besagte

Sachkunde gemäß Gewerbeordnung 34a in der Tasche haben. Am untersten Ende stehen die Kollegen und Kolleginnen, die einen nur einwöchigen Unterrichtungskurs absolvierten.

Trotz der bereits erwähnten niedrigen Einstiegsbarrieren ist unsere Arbeit auch anspruchsvoll, wenn auch nicht unbedingt geistig. Das ist wohl auch der Grund, warum wir gerne als einfache Wachkräfte bezeichnet werden.

Körperlich verlangt sie von uns viel ab. Wer bei Wind und Wetter oft draußen steht und das eventuell bis zu 12 Stunden inklusive Pausen weiß, wovon ich rede.

Böse Zungen behaupten, dass wir nur dazu da sind, um die Versicherungspolice so weit wie möglich nach unten zu drücken, mehr noch, es wäre sogar unser Hauptzweck. Zugegeben, ich weiß nicht, ob das wahr ist oder nicht.

Richtig ist, dass wir fremdes Eigentum bewachen und beschützen, oft rund um die Uhr. Wechselschichten, Außendienste und die auch durch Mehrarbeit bedingten oftmals stark eingeschränkten sozialen Kontakte können gesundheitlich durchaus sehr belastend sein.

Berufsfremde Menschen unterstellen nicht nur den Wachkräften, die am Empfang arbeiten mehr Macht, als sie wirklich haben. Dabei wird oft vielfach übersehen, dass wir sie nur dann haben, wenn, uns das Hausrecht übertragen wurde.

Das heißt, wir dürfen auch mal jemanden, die oder der sich nicht zu benehmen weiß, freundlich aber bestimmt den Weg nach draußen weisen. Das war es dann aber auch schon. Der Radius, in dem wir entscheiden dürfen, ist denkbar klein. Am Ende führen wir nur das aus, was sich die zahlende Kundschaft wünscht, sind nur Ausführende, müssen funktionieren und haben eine dementsprechende Leistung erbringen, Punkt.

Ob jedoch die Anerkennung und die Wertschätzung für unsere Arbeit groß oder klein ist, hängt in erster Linie von uns selber und von der Leistung ab, die wir zu erbringen fähig sind. Wer arbeitsmäßig mehr falsch als richtig macht, kann weder Achtung noch Wertschätzung erwarten.

Gute Leistungen gelingen natürlich dann besser, wenn die Arbeit Freude macht und nicht öde und langweilig daher kommt. Wer jahrelang einer unbefriedigenden Arbeit nachgeht, sie trotzdem gut macht, hat sich meine Achtung und ebenso die in der öffentlichen Wahrnehmung verdient.

Zum Schluss noch ein Wort zur Rente. Die wird für die meisten von uns niedrig sein. Da können wir nur hoffen, dass in diesem eigentlich reichen Land noch eine Zahlung obendrauf kommt, die die Existenz zu sichern vermag.“

Die Geschäftsleitung des Betriebes, in dem Nora arbeitet finden wir in einem sehr schlichten, angemieteten Bürohaus. Ihr Chef, ein freundlicher Mann, meint:

„Wir stehen absolut zu den Prinzipien der freiheitlich-sozialen Marktwirtschaft. Wie unsere Mitarbeiterin betonte, bezahlen wir sogar etwas über dem gesetzlich vorgeschrieben Mindestlohn. Das große Problem sind die nach unserer Ansicht viel zu hohen Brutto- und demzufolge relativ niedrige Nettolöhne. Die Sozialabgaben stellen in ihrer jetzigen Form eine stetig steigende und große Belastung dar. Hier ist die Politik gemeinsam mit der Wirtschaft gefordert, Wege zu gehen, die sich ökonomisch rechnen aber auch dem sozialen Rechnung tragen.

Was das einhalten der Dienstpläne angeht ist der eklatante Personalmangel das große Problem, auch das hat Nora richtig erkannt. Unsere Kunden wollen bedient werden. Sie haben doch schließlich ein vertraglich verbrieftes Recht darauf. Wir können es uns nicht leisten, nur einen von ihnen zu verlieren, es hängen auch Arbeitsplätze dran.

Selbstverständlich wünscht sich die Kundschaft den größtmöglichen Schutz zu dem kleinstmöglichen Preis. Danach zu handeln ist unser Auftrag.

Was die Attraktivität unseres Gewerbes angeht, finden wir die gar nicht so übel. Neben diversen Empfangsjobs bieten wir Arbeitsplätze in mehreren Kulturstätten wie Museen aber auch in Ämtern und in Fabriken, dem Öffentlichen Nahverkehr und vieles mehr an, um nur einen kleinen Überblick zu geben. Höheres Personal wird immer gebraucht, aber eben nicht so viel wie das einfache Personal. Das können Sie sehr gern mit einer Pyramide vergleichen. Je höher Sie kommen, existiert immer weniger Platz. Natürlich möchten wir unbedingt mehr Damen in Führungspositionen einstellen. Aber leider stehen uns nur männliche Bewerber zur Verfügung."

Exkurs: deutsches Engagement in Mexiko

Unter dem Dach des *Bundesministeriums für Wirtschaft und Energie* gab es im Mai 2021 die Möglichkeit für deutsche Wach- und Sicherheitsunternehmen, in puncto Sicherheitstechnologien genauso wie für Sicherheitsdienstleistungen, im entfernten Mexiko Fuß fassen zu können. Immerhin sollten sich vorrangig kleine und mittlere Betriebe angesprochen fühlen, große blieben, soviel mir bekannt ist, außen vor. Unterstützt wurden sie von dem *Bundesverband der Sicherheitswirtschaft*, bekannt unter dem Kürzel *BdSW*, dem *Bundesverband der deutschen Verteidiungsindustrie BdSV* und natürlich dem *Verband für Sicherheitswirtschaft VfS* und anderen mehr. Die Gewerkschaft *Ver.di* war, soweit es mir bekannt ist, nicht dabei, die Arbeitgeber blieben unter sich.

Mexiko gehört zu den größten Märkten für Sicherheitstechnik und -dienstleistungen im lateinamerikanischen Raum, ist also ein sehr interessanter Absatz- und Exportmarkt für die teutonische Wach- und Sicherheitsindustrie. Hinzu kommt ein sehr hohes Sicherheitsbedürfnis, weil die dortige Kriminalitätsrate sehr hoch ist.

Meine Vermutung: es dürfte sich hier um eine reine, sehr gut vernetzte Herrenrunde gehandelt haben, Irrtum selbstverständlich eingeschlossen. Nichtsdestotrotz hoffe ich dass mexikanische private Wachleute auf wenigstens annähernd humane Arbeits- und Lebensbedingungen stoßen, sehr gern auch mit ökonomischer Hilfe aus dem Ausland.

Wie es in Deutschland aussieht wissen wir jetzt. Es existieren gesetzliche Regeln, die uns sogar erlauben, Betriebsräte zu gründen, auch wenn das m.W. einen langen Atem braucht. Auch der Beitritt in eine Gewerkschaft ist uns erlaubt, was, wie wir noch sehen werden, weltweit alles andere als selbstverständlich ist.

Jedoch gibt es auch hierzulande nach meinen Erfahrungen private Wach- und Sicherheitsunternehmen die es verbieten, einen Betriebsrat zu gründen.

Zurück zur Reise um die Welt von Theo, Bea und Lars. Mit dem Zug geht es weiter nach

Österreich

Dort begegnen wir dem Wachmann Elias in Kufstein. Hier sein Bericht:

„Ich arbeite nunmehr seit fast 7 ½ Jahren im privaten Wachgewerbe und bin geschieden. Meine Tochter wohnt bei ihrer Mutter. Was mich schmerzt ist, dass kann ich mein Kind kaum sehen kann, weil ich in der Regel in einer 60-Stundenwoche arbeite, Wochenend- und Feiertagsarbeit und nicht gerade wenig Nachtdienste inklusive.

Für die Freizeit bleibt da nicht viel übrig. Das war noch niemals anders. Meine Ex-Frau warf mir sehr oft vor, nicht mit ihr, sondern mit der Arbeit verheiratet zu sein. Es gab sehr oft Streit. Trotzdem trennten wir uns friedlich.

Prinzipiell liebe ich meinen Beruf, dem ich derzeit in einer großen Fabrik in Linz als Empfangskraft nachgehe. Ich komme mit vielen Menschen zusammen, was meiner kommunikativen Art sehr entgegenkommt. Ein Kollege meinte jüngst zu mir, ich wäre zu freundlich zur Kundschaft. Das ist doch blanker Unsinn, weil man gar nicht zu freundlich sein kann. Viele Kundinnen und Kunden legen enormen Wert darauf, dass sie freundlich bedient werden und geben sie dir auch zurück.

Doch davon allein wird niemand satt. Es stimmt nun einmal, dass wir viele Dienste schieben müssen, um über die Runden kommen zu können.

Ich möchte nicht mit denen tauschen, die im öffentlichen Nahverkehr arbeiten. Oder in Stadien. Allein was dort die Kollegschaft an Beleidigungen zu hören bekommt?!... Verbale Gewalt in Form von Pöbeleien kann schnell in körperliche Gewalt gegen das Sicherheitspersonal umschlagen, wozu das Anspucken und tätliche Angriffe gehören können.

Das erklärt, warum die Krankheitstage in unserem Gewerbe landesweit über dem Durchschnitt liegen und die Fluktuation in der privaten Wachindustrie so hoch ist."

Wir treffen Elias Chef in seinem Betrieb im Linzer Industriegebiet. Er wirkt freundlich: „Das mein Mitarbeiter über seinen Lohn so frustriert ist, kann ich nur in einem Punkt verstehen: verbale, physische und auch psychische Gewalt darf absolut niemandem meiner Angestellten folgenlos widerfahren! Die Gesundheit ist nach dem Leben das höchste Gut, das wir haben. Diese Punkte dürfen auf keinen Fall verletzt werden.

Natürlich nehme ich als Arbeitgeber die Fürsorgepflicht gegenüber all meinen Mitarbeitern sehr ernst. Nicht nur für die Sicherheitsmitarbeiter habe ich Kurse zur Selbstverteidigung und zur Deeskalation verpflichtend eingeführt."

Die Kurseinführungen sind ein wichtiger Schritt in die richtige Richtung. Wir reisen mit dem Bus weiter südlich nach

Kroatien

In Split lernen wir Lukas kennen:

„Soweit ich weiß, existieren bei in Kroatien nur Vollzeit- aber keine Teilzeitstellen. In unserem Wachbetrieb ist das auf alle Fälle so.

Ich schiebe wie alle Kollegen jeden Monat bis zu 250, zuweilen sogar annähernd 300 Stunden vor mich her. Bezahlt werden sie nicht, sie stehen schon gar nicht im Dienstplan. Unsere Dienstkleidung ist oft ungenügend, es fehlt an Aborten.

Um Löhne zu sparen, werden vor allem in Empfangsjobs Frauen eingesetzt, weil sie noch günstigere Arbeitskräfte als wir sind.

Meine Kollegschaft und ich bewachen hier in Split ganzjährig rund um die Uhr eine Fabrik. Obwohl die Arbeit eintönig ist, bin ich schon seit acht Jahren dabei. Vor allem tagsüber ist es hier sehr laut und stickig.

Heute bin ich 61Jahre alt und merke, dass mir der Job körperlich immer mehr zusetzt. Ich rauche viel zu viel und schlafe zudem sehr schlecht. Durch die vielen Nachtdienste bin ich Stück für Stück immer nervöser geworden. Zuweilen fühle ich mich antriebslos und muss mich sehr zusammennehmen, um nicht einfach im Bett zu bleiben."

Lukas´ Chef ist zu einem persönlichen Gespräch nicht bereit, schickt uns aber eine E-Mail. Das werden wir auf diese Art und Weise noch öfters erleben:

„Was bildet sich dieser Kerl überhaupt ein, wer er ist? Ein kleiner Wachmann, dass ist er. Aber kein schlechter. Immerhin ist Lukas schon viele Jahre bei uns, das spricht absolut für unseren Betrieb. Er ist zuverlässig und fleißig, macht seine Arbeit ordentlich und war noch nicht ein einziges Mal krank.

Was die fehlenden Toiletten angeht, nun, ich werde mich darum zu gegebener Zeit kümmern. Aber die Dienstkleidung war und ist teuer genug! Pfleglicher Umgang ist da gefordert! - Ich erinnere mich an ein Gespräch mit Lukas, in dem er beklagte, dass das private Wachgewerbe in der Öffentlichkeit ignoriert werde. Ich habe ihm gesagt, dass er sich freuen soll, einen Arbeit zu haben."

Von Kroatien nehmen wir wieder die Bahn und erreichen nach mehreren Umstiegen die Ostseeküste von

Polen

Jakub beichtet uns gegenüber in der sehr schönen Ostseestadt Danzig:

„Will jemand ein Sicherheitsunternehmen gründen, muss die Person mindestens 21 Jahre alt sein und zudem eine höhere Schulbildung nachweisen. Erst dann kann eine Konzession vom *Innenministerium* erworben werden. Wer vorbestraft oder in den zurückliegenden drei Jahren bankrott war, kann sich das eigene Wach- und Sicherheitsunternehmen getrost an die eigene Backe schmatzen.

Wir Sicherheitsangestellten brauchen uns seit 2014 nicht mehr unbedingt lizenzieren lassen, müssen aber in einem lizenzierten Unternehmen beschäftigt sein, falls wir nur einfache Tätigkeiten verrichten. Eine entsprechende Ausbildung ist für uns nicht vorgesehen. Personenschützende sowie die Kolleginnen und Kollegen, die für die technische Sicherheit verantwortlich sind, müssen eine Lizenz erwerben. Die Schulung beinhaltet, bemessen an dem Lizenzwert, ein Volumen von 250 bis 310 Unterrichtsstunden. Auch hier beträgt das Mindestalter 21 Jahre und Vorstrafen sind absolut tabu.

2014 war ich einer von rund 300.000 privaten Wachleuten in Polen. Als der Mindestlohn erhöht wurde, verloren etwa 50.000 Kolleginnen und Kollegen ihre Arbeit. Der größte Teil der Kundschaft wollte die dadurch entstandenen höheren Preise jedoch auf keinen Fall akzeptieren. Daraufhin setzten viele Betriebe auf die elektronische Überwachung. - Trotzdem stieg der Mindestlohn im Jahr 2020 an.

Der Preiswettbewerb ist knallhart und drückt die Löhne nach unten. In der Regel gelten freiberufliche Verträge, die den gesetzlichen Arbeitsschutz unterlaufen. Leider ist es normal, dass Wachfrauen selten zu finden sind und das nicht nur in Danzig."

Den Chef von Jakub treffen wir in seinem Büro im Zentrum der Hafenstadt:

„Ich halte mich strikt an geltendes Recht und an Überstunden ist noch niemand gestorben. Selbstverständlich sorge ich, was die geleisteten Arbeitsstunden betrifft, für einen entsprechenden Ausgleich. Die Löhne, die ich zahle, sie sind rechtlich einwandfrei. Das auch weiterhin bei dem Preiskampf zu gewährleisten, ist alles andere als einfach.

Die Kundschaft hat nicht nur ein wenig mit dem Preis mitzureden, nein, sie bestimmt ihn. Bedauerlicherweise habe auch ich mich 2014 und 2015 von sehr guten Sicherheitsangestellten trennen müssen, weil die Mindestlohnanhebung für sehr viele Kunden bedeutete, höhere Preise für unsere Dienstleistung zu bezahlen. Sehr viele von ihnen sahen sich demzufolge außerstande, diese Preise mittragen zu können.

Mir flatterten die Kündigungen von der zumeist sehr guten Kundschaft nur so ins Haus. Bei denen, die weiterhin an unseren Dienstleistungen weiterhin immer noch interessiert waren, mussten neue Wege in Form von zunehmender elektronischer Überwachung gegangen werden. Ich war leider gezwungen, technisch aufzurüsten, ansonsten wäre mein Unternehmen vom Markt gefegt worden. Nur so konnte ich mich bis zum heutigen Tag behaupten, darauf bin ich sehr stolz."

Von Danzig reisen wir mit dem Schiff über die Ostsee und in der Nordsee erkennen wir noch in der Ferne die roten Felsen von Helgoland. Ein letzter Gruß aus deutschen Landen. Bald erreichen wir

Großbritannien

Hier treffen wir Harry, einen sympathisch wirkenden Mann aus Bristol:

„Obgleich die Anforderungen, was unsere Qualifizierung angeht, unterschiedlich sein können, verlangen die meisten Wach- und Sicherheitsbetriebe eine aktuelle, gültige Lizenz des Amtes, das für unseren Berufszweig zuständig ist. Um sie zu bekommen, wird ein schnelles Eingreifen in Notlagen gelehrt, sprich beispielsweise Menschen aus brennenden Gebäuden zu bringen oder erste Hilfe zu leisten.

Es ist uns prinzipiell untersagt, eine Schusswaffe zu tragen, es sei denn, dass eine spezielle Ausbildung absolviert und bestanden wurde, erst dann gibt es die polizeiliche Erlaubnis dafür.

Auch bei uns auf der Insel dürften Wachkräfte kaum noch wegzudenken sein. Ihr begegnet uns in Krankenhäusern oder in der Gastronomie genauso wie in Einkaufszentren und im Transportwesen. Die Vorteile der Unternehmen, die uns buchen, liegen beileibe auf der Hand. Die Sicherheit wird erhöht, der Vandalismus eingegrenzt und es wird natürlich weniger gestohlen.

Weil uns Wachkräften oftmals körperliche Verletzungen durch Angriffe drohen, lernen wir in speziellen Kursen, uns selbst zu verteidigen Zudem erhalten wir auch Schutzausrüstungen, um Gefahrenlagen effektiv abwehren zu können. Soweit so gut. Oder auch nicht? Da lohnt sich ein genauerer Blick.

Denn unsere Löhne sind niedrig und die Arbeitsbedingungen kritikwürdig. Viele von uns erhalten Null-Stundenverträge und verdingen sich als Leiharbeitskräfte ohne garantierte Arbeitszeiten. Damit ist der Job alles andere als sicher. Bei so wenig vorhandener finanzieller Sicherheit sind Zukunftspläne nur unter absolut großen Schwierigkeiten zu realisieren. Wenn aber gearbeitet wird, können die Arbeitszeiten lang und die Pausenzeiten viel zu kurz sein. Wer sich beruflich gern weiterbilden möchte, kann schlechte Karten haben.

Wichtige Voraussetzungen für unsere Arbeit wie Engagement, Motivation und Arbeitsmoral hochzuhalten sind unter diesen Rahmenbedingungen schwierig, von gesundheitlichen Belastungen wie einem Burnout ganz zu schweigen.

Was müsste geschehen? Wirtschaft und Politik müssten gemeinsam für sichere Jobs sorgen. Wir benötigen Löhne, von denen ein menschenwürdiges Leben möglich ist. Dazu gehört auch die Arbeitszufriedenheit. Sie geht einher mit Wertschätzung und Achtung.

Das gilt erst recht für die Zukunft. Sicherheitstechnologien werden unsere Branche entscheidend verändern. Vieles, was bis dato von Menschenhand erledigt wurde, wird der Computer übernehmen. Diesbezüglich werden Schulungen eine immer größere Rolle spielen wenn es darum geht, mit Überwachungstechniken heute, vor allem jedoch in der Zukunft arbeitsmäßig verantwortlich umzugehen.

Das wird jedoch auf keinen Fall ohne Qualifizierung möglich sein. Licht und Schatten liegen hier nahe beieinander: der Sicherheitsberuf wird eine sehr deutliche Aufwertung erfahren, doch manche oder gar viele werden bei dieser Entwicklung nicht schritthalten können.

Aber so lange können und wollen wir nicht mehr warten. Das private Wachgewerbe leistet schon jetzt einen wichtigen Beitrag, um Frieden und Sicherheit auch in Zukunft gewährleisten zu können. Dem gilt es jetzt erst recht Rechnung zu tragen, auch wenn wir nur Hilfskräfte sind."

Sein Chef empfängt uns sehr freundlich, sieht die Situation aber natürlich anders:

„Nun, immerhin hat unser Mitarbeiter die in meinen Augen sehr guten Schulungen erwähnt. Dadurch erweise ich ihnen meine absolute Wertschätzung und Achtung. Zudem richte mich nach den Regularien, die meine Mitarbeitende vor Ausbeutung schützen.

Ansonsten ist Harry privilegierter als er glaubt. Als ein geborener Engländer und Muttersprachler einer Weltsprache steht es ihm doch absolut frei, in jedem englischsprachigen Land in dieser Welt arbeiten zu gehen. Ich würde ihm ein sehr gutes Zeugnis ausstellen, mit dem Harry sich überall bewerben kann."

Wir meinen, dass es sicherlich zu der feinen englischen Art gehört, Wachleute anständig zu schulen und nicht ausnutzen zu wollen. Aber ist nicht trotzdem noch viel Luft nach oben vorhanden?

Wir müssen weiter und fliegen bald über den nur scheinbar unendlichen Atlantik. Einigermaßen ausgeschlafen erreichen wir das Land der angeblich unbegrenzten Möglichkeiten, die

USA

Hier lernen wir William kennen, der uns aus der Stadt New Haven, Connecticut folgendes zu berichten weiß:

„Wir amerikanischen privaten Wach- und Sicherheitsangestellten haben allen nur erdenklichen Grund, sehr stolz auf uns zu sein. Es ist nun mal eine Tatsache, dass in unserem Gewerbe weltweit die größten Umsätze erzielt werden und ich, William, trage mit dazu bei, dass das so ist. Ich werde auch künftig dafür Mitsorge tragen, dass das immer so bleiben wird.

In unserer Branche herrscht ein sehr starker Wettbewerb. Allein das günstigste Preisangebot entscheidet darüber, wer begehrten Bewachungszuschlag erhält.

Neben geschlossenen Wohnanlagen und Gefängnissen bewachen wir die kritische Infrastruktur wie beispielsweise Banken, Versicherungen, die Nahrungsindustrie wobei ich noch nicht einmal alle Bereiche aufgezählt habe. Und weil sich gut 85% der Infrastruktur in Privathand befinden, haben wir viel zu tun. Dazu gehört auch, Drogentests bei den Mitarbeitetenden durchzuführen, die wir bewachen, um den Drogenkonsum so weit wie möglich zu unterbinden.

Seit den damaligen Terroranschlägen vom 11. September 2001 kooperieren wir auch mit staatlichen Wachkräften, damit unser hervorragendes Land vor Terrorangriffen geschützt ist. Wir sind mit dabei wenn es heißt, Amerika wieder groß zu machen!

Was unsere Lohnhöhen angeht, könnten sie höher und die Arbeitsbedingungen besser sein, wobei sich die Löhne an den Mindestlöhnen des jeweiligen US-Staates, dem preislich günstigsten Angebot für die Kundschaft sowie an der oft niedrigen Qualifikation orientieren.

Der Ausbildungsstand ist schlecht und hat eine hohe Fluktuation zur Folge. Aber hey, wie heißt es doch so schön: frage nicht, was dein Staat für dich tun kann sondern frage, was du für deinen Staat tun kannst.

Dieses berühmte Zitat, das unser früherer Präsident John F Kennedy sprach, soll er selbst angeblich von seinem damaligen Schuldirektor gestohlen haben. Aber das ist mir vollkommen gleichgültig, denn es entspricht haargenau unserer Mentalität."

Der Boss von William möchte uns nicht empfangen. Immerhin schreibt er uns eine E-Mail:

„Eine hohe Fluktuation wegen zu geringer Bezahlung und angeblich auch schlechte Arbeitsbedingungen? Na und wenn schon. Aber großkotzig mit einem Zitat um sich werfen, das kann er! Den ersten Schritt dazu habe ich schon für ihn getan. Der Mann ist gefeuert!

Soll er doch nach Deutschland gehen, so, wie ich es als Soldat getan habe. Die Deutschen fragen genau anders herum: frage nicht, was du für deinen Staat tun kannst, sondern frage, was der Staat für dich tun kann. Diese Mentalität gab es schon in den 1980er Jahren, das habe ich hautnah mitbekommen und sie hat sich, soviel ich weiß, bis heute nicht geändert. Kein Wunder, bei den Sozialleistungen, die die dort haben! Aber nichts für ungut.

Die Deutschen sind weder besser noch schlechter als wir. Sie sind nur – anders. William müsste dort nur Deutsch lernen.

Es heißt zwar dass die Deutsche Sprache schwierig ist, aber das würde er schon packen, er ist ja nicht dumm."

Auch wenn wir die Vereinigten Staaten nun hinter uns lassen, bleiben wir auf dem amerikanischen Kontinent, fliegen an Mittelamerika vorbei und landen jetzt auf der Südhalbkugel auf dem Subkontinent Südamerika, genauer, in

Brasilien

Hier lernen wir unter der heißen Sonne von Rio de Janeiro Felix kennen. Sein Bericht lautet wie folgt:

„Vor einigen Jahren fand ich nach einer sehr langen Arbeitslosigkeit endlich einen Job als Sicherheitsmann. Mein Zuhause steht in einem Armenviertel, einer Favela. Sie befindet sich jenseits der schönen und tollen Touristenstrände.

Raub, Mord und Autodiebstähle gehören in unseren Städten zum Alltag. Wir haben eine der höchsten Mordraten weltweit und mehr private als staatliche Wachleute.

Wir Sicherheitskräfte leben gefährlich. So kann es sehr schnell passieren, dass kriminelle Drogenbanden uns auf dem Kieker haben. Ständig müssen wir mit Raubüberfällen rechnen und auf der Hut vor ihnen sein. Dabei ist es völlig egal, ob wir gerade ein Objekt verlassen oder ob wir uns tagsüber auf der Straße bewegen.

Vor kurzem wurde ein Kollege von mir von hinten angeschossen und ist seitdem arbeitsunfähig. Er hatte noch Glück im Unglück, lebt noch, ist aber traumatisiert, bräuchte psychologische Betreuung. Als Wachkraft kann er nicht mehr arbeiten.

Große Wachunternehmen gehen absolut sorgfältig mit den Einstellungen ihres Personals vor, schulen sie und bieten ihnen optimale Sozialleistungen an. An den Punkt musst du erst mal hinkommen.

Will jemand als Sicherheitskraft arbeiten, muss eine Ausbildung absolviert werden, die von der Bundespolizei bestimmt wird, zwingend ist und aus der privaten Tasche bezahlt werden muss. Das ist hier normal.

Die Frage ist aber auch, wie lange wir künftig noch Arbeit haben werden, auch wenn unsere Dienste in vielen Immobilien wie in Bankhäusern, Einkaufszentren oder Universitäten und Ämtern bis dato noch benötigt werden, oft mit der Waffe in der Hand?!...

Der Stahlkollege braucht keinen Schlaf, kostet keinen Lohn. Er wird niemals krank. Ist er defekt, kommt ein Monteur und repariert ihn. Weil er günstigere Kosten als wir privaten Sicherheitskräfte aus Fleisch und Blut verursacht, werden wir dieser Konkurrenz künftig nicht mehr gewachsen sein.

In den Reichenvierteln von Sao Paolo stehen die Computer schon. Wer reich und finanziell potent ist, kann es sich leisten, sich hinter hohen Mauern nach außen abzuschotten, und sich dazu von einem virtuellen Pförtner bewachen zu lassen. Und der Markt wächst.

Ob die Gewerkschaft *SEVESP*, die unsere Interessen vertritt, uns helfen kann, wenn es soweit ist, einige Jobs doch noch zu retten, kann ich euch nicht sagen."

Und das meint die Geschäftsleitung zum Bericht von Felix, die uns in einem persönlichen Gespräch folgendes auf den Weg gibt:

„Der technische Fortschritt ist einfach nicht aufzuhalten. Wenn der in dieser Geschwindigkeit weiter so schnell und ungehindert voranschreitet, werden nach unserer Auffassung in wenigen Jahren nur noch Hochqualifizierte in der privaten Wachindustrie arbeiten.

Dabei handelt es sich um einen Trend, der global längst eingeleitet ist und sich nach unserem Wissen unbeirrt fortsetzen wird. Um ehrlich zu sein, uns freut es.

Probleme sehen auch wir. Bedenken Sie, dass Brasilien ein Schwellenland ist. Neben den vielen legal operierenden Wachbetrieben existieren auch eine ganze Reihe illegaler Betriebe. Diese sind, so sehen wir es, auch deshalb so stark, weil der Staat im gewähren von staatlicher Sicherheit versagt und die Bürgerinnen und Bürger nicht genug schützen kann."

Bald nach diesem Gespräch verlassen wir Südamerika. Von dort fliegen wir jetzt weiter in Richtung Westen, zuerst über Land und danach über den Pazifik nach

Australien

Hier müssen wir aufpassen, wenn wir die Straße überqueren wollen. Hier herrscht wie in Großbritannien Linksverkehr! Jack ist der Wachmann, den wir wie vereinbart an seinem Arbeitsplatz in Melbourne treffen:

„Die Arbeit, die ich mache, ist oft ermüdend langweilig. Seit gut einem Jahr stehe ich hier vor einem Bankgebäude und bewache eine der Eingangstüren. Die meisten Menschen gehen an mir vorbei, nehmen mich kaum wahr.

Pausen zum Essen und der Toilettengang werden mir verwehrt. Es könnte ja sein, dass jemand mit bösen Absichten käme und dann wäre ich nicht da.

Vor wenigen Tagen hatte ich eine Schicht, die über 18 Stunden ging. Jüngst erzählte mir meine Kollegin Emily, dass sie das noch getoppt hatte. Sie war 24 Stunden am Stück auf Arbeit. Ihr wurde weder der zustehende Lohn noch die ihr ebenfalls zustehenden Überstunden bezahlt. Immer wieder ging sie ins Lohnbüro aber ständig hieß es, sie könne bitte in einer Woche wiederkommen oder dass es in diesem Monat gerade nicht ginge.

Nachdem sich dieses Spiel dreimal wiederholte, entschloss sie sich, endlich die Gewerkschaft *Vereinte Stimme* zu kontaktieren. Sie wollte einfach nicht mehr andauernd als Bittstellerin auftreten. Die Gewerkschaft hat kurzerhand gehandelt und hat unseren Arbeitgeber verklagt. Seitdem bin ich auch in der Gewerkschaft, weil es mir genauso wie der Kollegin ging.

Das Wachunternehmen ließ sich jedoch nicht vor dem Gericht blicken. Es änderte den Firmennamen und wurde schleunigst abgewickelt. Vonseiten der Gewerkschaft hieß es, dass die Chancen, den Lohn noch zu erhalten, gegen Null stünden. Daraufhin brachten wir unsere Erlebnisse an die Öffentlichkeit.

Zum Glück dauerte es gar nicht sehr lange, bis wir einen Anruf von einem lokalen Nachrichtenmagazin erhielten, das an unseren Fall interessiert war. Als es sich bei unserem Arbeitgeber meldete und freundlich um eine Stellungnahme bat, wurde es einfach vor verschlossenen Türen stehengelassen.

Das Magazin ließ nicht locker und fragte danach beim *Verbund der australischen Sicherheitsindustrie* nach, um deren Sicht auf die Probleme der Berufssparte zu erfahren. Alle Berufszweige hätte oft Probleme mit Niedriglöhnen. Die Kunden wünschten geringe Kosten und Ausgaben, das wiederum die privaten Wachbetriebe unter Druck setze.

Mit etwa 155.000 Wachkräften erlebt die private Sicherheitswirtschaft Australiens einen Höchststand und übersteigt die Zahl aller Polizei- und Streitkräfte. Die Schere zwischen arm und reich geht auch bei uns mehr und mehr auseinander."

Wir reisen weiter. Das Flugzeug bringt uns über den Pazifischen Ozean nach Asien, genauer nach

Japan

Mitten in Osaka lernen wir den Wachmann Naoki kennen:

„In unserem Land der aufgehenden Sonne bewachen wir alle möglichen Objekte: Freizeitparks, Wohn- und Bürogebäude und so weiter. Geld- und Wertetransporte gehören ebenso zu unseren Aufgaben wie auch das verhindern von Vandalismus, Diebstahl und Gewalt. Deshalb zeigen wir Präsenz, so, wie es in vielen anderen Ländern auch der Fall ist.

Was bei uns in Nippon hinzu kommt, ist die Verkehrsüberwachung und zwar vor allem dort, wo sich Kraftfahrzeuge und Menschen wir hier in dem Stadtzentrum ballen. Da arbeite ich, um Verletzungen und Unfälle zu vermeiden. Hier tobt das laute Leben in schlechter, von Abgasen geschwängerter Luft. Seht selbst!...

Der Wachbetrieb, für den ich arbeite, ist ein mittelständisches Unternehmen und somit typisch für Japan. Unser Gewerbe ist in erster Linie hauptsächlich durch Klein- und Mittelstandsbetriebe geprägt. Sie machen gut 80% der Gesamtsumme aus. Der Ruf dieser Unternehmen ist in der Gesellschaft nicht allzu groß.

Dagegen genießen die großen Betriebe *ALSOK* und *Secom* zumeist ein höheres Ansehen in der Bevölkerung. Diese weiß inzwischen mehr und vor allem besser über die private Sicherheitsindustrie Bescheid als früher.

Apropos: damals, als es mit unserer Branche in Japan anfing, existierten einige kriminelle Angestellte und Skandale, die uns teilweise heute noch nachhängen.

Die Einstiegsbarrieren sind niedrig und die Arbeitszeiten lang, gepaart mit schlechten Arbeitsbedingungen. Es ist keine hohe Qualifikation notwendig. Unser Ansehen in der japanischen Gesellschaft ist nicht gerade berauschend."

Die Geschäftsleitung schreibt uns zu den Bemerkungen von Naoki in einer E-Mail:

„Unser verehrter Mitarbeiter Naoki hat, was das Ansehen unseres Berufszweiges angeht, wie alle anderen Kollegen auch, es doch selbst in der Hand. Es liegt an ihm allein, ob er als Gentleman oder doch als ungehobelter Rüpel wahrgenommen wird.

Immerhin sind keine Beschwerden seitens der Kunden über ihn bekannt, so soll es sein. Als Geschäftsleitung sind wir stets darum bemüht, den Ruf unseres Betriebes stetig zu verbessern."

Von dem hochentwickelten Industrieland Japan fliegen wir über das Ostchinesische Meer, China und Nepal erneut auf einen Subkontinent:

Indien

Hier sind wir mit Amal verabredet und wir treffen ihn nach langem Suchen in Dehli und freuen uns, dass es doch noch klappt:

„Heute bin ich kein Wachmann mehr und mache jetzt etwas anderes. Warum das so ist, wie es ist, will ich euch gern erzählen. Zu Beginn der weltweiten Covid-19-Pandemie arbeitete ich noch in dem privaten Sicherheitssektor. Zum Glück konnte ich im Gegensatz zu den vielen tausenden Wachleuten, die wie ich in den Geschlossenen Wohnanlagen arbeiteten und dann arbeitslos wurden, meine Arbeit behalten. Ich musste aber in eine Klinik wechseln.

Die Arbeit im Krankenhaus war sehr mit großen Ansteckungsrisiken behaftet, weil wir Wachleute immer mit Covid-19-Patienten und auch dem medizinischen

Personal Kontakt hatten. Als private Sicherheitsangestellte war es unsere Aufgabe darauf achten, dass die von der Regierung veranlassten Abstands- und Hygieneregeln befolgt wurden. Wir trugen nur einfache medizinische Masken, niemand von uns erhielt eine Impfung gegen das Covid-19-Virus.

Später habe ich erfahren, dass mehrere 100 Sicherheitsleute an dem Covid-19-Virus erkrankten.

Der staatliche *Verband der privaten Sicherheitsindustrie* vertritt die Interessen der Arbeitgeber. Selbst der bat daraufhin unsere Regierung schriftlich sehr dringend um eine bevorzugende Impfung des Wachpersonals. Der *Zentralverband der privaten Sicherheitsindustrie* schloss sich dem an.

Die indische Regierung wurde brieflich aufgefordert, die Wachhabenden in das Massenimpfprogramm mit aufzunehmen. Die Entscheider fühlten sich nicht dafür verantwortlich, es geschah nichts.

Ich denke, dass das auch heute noch so sein dürfte. Glücklicherweise lief bei mir in puncto Gesundheit alles glatt. Für solche Extras hätte ich absolut keine Kohle übrig gehabt!...

Auch ich war ein Wanderarbeiter und habe sieben Tage die Woche je 12 Stunden gearbeitet. Ein Arbeitsvertrag existierte genauso wenig wie irgendeine soziale Absicherung. Das meiste des sehr niedrigen Lohnes ging zum Einen für Unterkunft und Verpflegung drauf, zum Anderen überwies ich noch Gelder für meine Familie daheim.

Das mache ich noch immer so und ich bin glücklich, dem privaten Sicherheitssektor mittlerweile endgültig entronnen zu sein. Es gibt zwar gesetzliche Regelungen für das Wachgewerbe, die sind aber das Papier nicht wert, auf dem sie gedruckt wurden.

Die privaten Sicherheitsunternehmen sind sehr gut miteinander vernetzt, während nur knapp zwei Prozent der Wachleute in einer Gewerkschaft organisiert sind.

Die Geschäftsleitung des Betriebes, in dem Amil arbeitete, meldet sich bei uns via Facebook:

„Auch unser Unternehmen hat sich schriftlich an die Regierung mit der dringlichen Forderung gewandt, unserem Wachpersonal eine Covid-19-Impfung zu finanzieren. Bedauerlicherweise müssen wir jedoch feststellen, dass bei uns diesbezüglich noch keine Antwort von den Verantwortlichen eingegangen ist.

Wir hoffen natürlich sehr, dass das nicht so bleiben wird. In diesem Sinn haben wir all unseren Sicherheitsangestellten eine Rundmail geschickt und uns für ihren tapferen Einsatz bedankt. Dazu hat jeder von ihnen eine für sie kostenlose, wenn auch nur einfache Maske erhalten.“

Und weiter geht unsere Weltreise, wobei wir diesmal per Bus lediglich eine Grenze westwärts überschreiten. Unser nächstes Ziel heißt

Pakistan

Hier lernen wir den Wachmann Abdul in einer Textilfabrik in der Großstadt Larkana kennen. In der Halle ist es laut, die Luft ist heiß und stickig:

„Private Wachleute sind bei uns überall zu sehen, in Einkaufszentren, Wohnvierteln oder in Bürogebäuden, wegzudenken sind wir längst nicht mehr. Meine Kolleginnen und Kollegen sorgen durch ihre Arbeit dafür, dass die Menschen hierzulande sicher leben können und vor Kriminalität weitestgehend geschützt sind.

Um mit allen möglichen Gefahrenlagen richtig umgehen zu können sind einige von uns Sicherheitsangestellten sehr gut geschult. Bedauerlicherweise gilt das gar nicht für die Mehrheit, mehr noch, sie ist schlecht oder überhaupt nicht ausgebildet.

Dabei gibt es viele, die in der privaten Wach- und Sicherheitsindustrie arbeiten wollen, viel zu viele. Dieses Überangebot an willigen Arbeitskräften ist für die Arbeitgeber das reinste Paradies. Sie wissen genau, dass die Jobsuchenden aus ihrer Not heraus nur allzu sehr dazu bereit sind, für jeden Lohn arbeiten zu gehen. Ergo zahlen sehr viele Chefetagen Löhne, die unterhalb des Mindestlohnes liegen.

Es mangelt nicht allein an einem staatlich festgelegtem Mindestlohn für die privaten Wachkräfte, sondern ebenso an genügend wirksamen Regularien für beide Seiten. Außerdem fehlt es an wirklich effektiven Möglichkeiten, höhere Löhne und damit gleichzeitig bessere Arbeitsbedingungen einfordern zu können.

Folglich können gesundheitliche Probleme auftreten und im Großen und Ganzen eine viel zu geringe Lebensqualität mit sich bringen.

Neben meinem Job als Wachmann habe ich noch andere Hilfsjobs, um meine Frau, mich und meine Familie einigermaßen über die Runden bringen zu können. Meine Frau ist mit dem sechsten Kind schwanger. Wir wohnen in sehr engen Verhältnissen in einem Armenviertel, dort bin ich aufgewachsen, ich kenne nichts anderes.
Die Kundschaft nimmt unsere Dienste als eine Selbstverständlichkeit an und will am allerliebsten gar nichts dafür bezahlen. In was für eine Lage wir durch ein solches Verhalten geraten, interessiert weder die Kundschaft noch sonst irgendjemanden in unserer Gesellschaft, der sind wir sowieso egal."

Die Geschäftsführung sendet uns dazu ein Video:

„Die Wachleute, die bei uns einen Job finden können, dürfen sich doch glücklich schätzen. Bei dem reichlich vorhandenen Überangebot an potentiell möglichen Mitarbeitern wählen wir selbstverständlich aus, wer zu uns passt und wer nicht. Gut, das wäre umgekehrt nicht anders, weil das menschlichem Verhalten entspricht. Dann hätten wir höchstwahrscheinlich absolut viel zu hohe Lohnkosten.

Aber das wird nicht so schnell passieren (lachen). Und die Regularien? Die legen nur wir und niemand anders fest!"

Zum nächsten Ziel, zu dem wir reisen, geht es zuerst in die Hauptstadt Karachi. Der dortige Verkehr ist für uns absolut gewöhnungsbedürftig. Wir sind sehr froh, als wir den Hafen erreichen und unser Schiff endlich besteigen können.

Über das Arabische Meer und den Persischen Golf geht es jetzt unserem nächsten Halt entgegen. Nach unserem Besuch in Australien und drei asiatischen Ländern mit Linksverkehr wird nun wieder rechts gefahren. Willkommen in

Katar

Dort treffen wir Asante und er berichtet uns aus der aufstrebenden Großstadt Dohar:

„Mein Name verrät schon, dass ich nicht aus Katar komme. Zuhause bin ich im subtropischen Afrika, genauer, in Uganda. Mir ist keine Wachkraft aus Katar bekannt.

Es sind alles Wanderarbeiter, genauso wie ich. Sie kommen aus aller Herren Länder. 84-Stundenwochen sind hier absolut normal. Ein kenianischer Kollege sagte mir, dass er 2½ Jahre ohne einen einzigen freien Tag durcharbeiten musste.

Das internationale Recht der WHO spricht jeder Arbeitskraft einen freien und dementsprechend bezahlten Ruhetag in einer 60-Stundenwoche zu. Das entspricht auch dem kartarischem Recht. Die hiesige Regierung weiß über die Missstände sehr gut Bescheid und schaut zu, anstatt die Verantwortlichen zur Rechenschaft zu ziehen.

Aber damit nicht genug. Während des Sommers darf in diesem Wüstenstaat bei großer Hitze nur eingeschränkt gearbeitet werden. Das ist gesetzlich verankert.

All das hindert einige Vorgesetzte nicht daran, ihr Sicherheitspersonal dauerhaft ebendieser auszusetzen.

Ihnen sind die gesundheitlichen Gefahren, die uns privaten Wachkräften drohen, durchaus bekannt. Trotzdem werden sie ganz bewusst in Kauf genommen.

Wer sich dann trotzdem erlaubt, seine Dienstkleidung nicht absolut korrekt zu tragen oder unerlaubt mal eben schnell die Toilette aufsucht, kann mit Lohnabzug bestraft werden.

Nicht nur, dass unsere Unterkünfte total überfüllt sind, hier es ist entscheidend, ob deine Muttersprache Arabisch ist oder nicht. Ein Berufskollege aus Marokko erhält für die gleiche Arbeit mehr Geld als ich, weil er die hiesige Sprache spricht.

Für mich ist das Rassismus in reinster Form. Gewerkschaften, die für uns ein Sprachrohr sein könnten, um all diesen Missständen ein Ende zu bereiten, sind in Katar leider verboten.

Wenn ich all das zusammennehme, habe ich zuweilen den Eindruck, dass das hier auf jeden Fall Zwangsarbeit ist."

Der Chef von Asante möchte uns nicht persönlich kennen lernen, sendet aber ebenfalls ein Video:

„Der N..., na, Sie wissen schon, ist jung, groß und stark. So einer wie der kann doch froh sein, dass ich ihm die Chance gebe, für seinen Lebensunterhalt selbst sorgen zu können. In seiner Heimat sind viele ohne einen Job, sie lungern herum und vertrödeln den Tag mit Nichtstun. Asante kann bei mir richtig arbeiten lernen. Aber wenn ihm das nicht passt, schmeiße ich ihn raus, diesen Tunichtgut. Dann kann er sich gern mit den anderen Taugenichtsen in seinem Dorf wieder einreihen."

Als wir wieder im Flieger sitzen und unter uns die friedlich und ruhig aussehenden Wüstenlandschaften wahrnehmen, ist das nach dem in Katar Gehörten eine wahre Wohltat für uns. Auch das Rote Meer sieht zumindest von oben so ruhig und friedlich aus, schöne afrikanische Landschaften schließen. sich an und flugs landet der Flieger in

Burkina Faso

In der zweitgrößten Stadt des Landes Bobo Dioulasso treffen wir Mohammed. Er beginnt mit historischen Ereignissen:

„Eigentlich lebe ich in einem friedlichen Land. Eigentlich. Gleichzeitig erstarrte es mehr und mehr an Waffen. Ehemalige Zwistigkeiten flammten immer wieder neu auf. Hauptsächlich, nachdem Gaddafi in Libyen endlich gestürzt war, schnellten die bewaffneten Raubüberfälle in die Höhe und private Sicherheitsbetriebe schossen wie die Pilze aus dem Boden, weil weder der Staat noch die Polizei der Lage Herr werden konnten.

Arbeitsschutzgesetze, die, der Name sagt es ja schon, ausschließlich für unseren Schutz erdacht worden waren, werden oft nicht eingehalten. Dadurch können Unfälle passieren, die auf mangelnde Schulungen und demzufolge auf eine unzureichende Ausführung zurückzuführen sind. Das Fehlverhalten von Geschäftsführungen ist die eine, das schlechte Benehmen von privaten Sicherheitskräften ist die andere Seite von ein und derselben Medaille. Einige Sicherheitskräfte sind korrupt und stehlen, Tendenz steigend."

Der Chef von Mohammed, den wir per Videoschaltung sprechen, äußert sich teilweise sehr nachdenklich:

„Das sich die Chefetagen in unserem Gewerbe unkorrekt verhalten, davon weiß ich nichts. Ich halte meinen Betrieb am laufen, mir ist in diesbezüglich gar kein Vorwurf in dieser Richtung zu machen. Wer falsches Verhalten von Vorgesetzten behauptet, muss das aber zuerst einmal beweisen können. Das ist bis zum jetzigen Zeitpunkt noch niemandem gelungen.

Was mein Mitarbeiter über Schulungen sagt, werde ich mit meinem Team darüber beraten, ob unsere Wachkräfte geschult werden, um Unfälle und Fehlverhalten zu vermeiden. Die Existenzgrundlage bilden unsere Kunden, nicht einer darf verloren gehen.

Wer vom Personal korrupt ist oder sich am fremden Eigentum vergreift, der fliegt sofort aus meinem Betrieb raus und zwar achtkantig. Darauf können Sie getrost Gift nehmen!"

Das wenigstens über Schulungen für das Wachpersonal nachgedacht wird, finden wir gut, entdecken aber auch ein absolut interessantes Denkmuster: Schulungen sollen anscheinend hauptsächlich der zahlenden Kundschaft und weniger dem Sicherheitspersonal zugute kommen.

Mit dem Bus erreichen wir unser nächstes Ziel, kreuzen zuvor eine Grenze und sind in

Mali

In Bamako lernen wir den jungen Wachmann Youssouf kennen:

„Bei uns sind nationale und internationale private Sicherheitsunternehmen tätig. Der

Polizei und dem Militär fehlt es einerseits an der Bereitwilligkeit und andererseits an den zur Verfügung stehenden Mitteln, um mit den vielfachen Bedrohungen fertig zu werden. Dann kommen wir privaten Wach- und Sicherheitsangestellten ins Spiel, ist doch logisch. Unsere Arbeit ist wichtig, um dauerhaft den Frieden, die Sicherheit und Stabilität gewährleisten zu können. Wie in vielen anderen Ländern werden wir zum absichern von Gebäuden, für Geld- und Wertetransporte und selbstverständlich auch im Personenschutz eingesetzt.

Die Gesetze, welche die Aktivitäten der Wachbetriebe regeln, stammen aus dem Jahr 1996 und sind hoffnungslos veraltet. Nicht nur die technologische Entwicklung wurde verschlafen, es mangelt weiterhin sehr häufig an einer effizienten Aufsicht vonseiten des Staates.

Die gesetzlich verankerten Regularien werden einfach missachtet. Es gibt keine Behörde, die die privaten Wachbetriebe beobachten und bei bekannt werdenden Verstößen kontrollierend eingreifen kann.

Neulich meinte ein Kollege zu mir, dass wir Sicherheitsleute ungenügend über das Einhalten von Menschenrechten und dem ausüben von Gewalt unterrichtet seien. In Konfliktsituationen würden sich viele von uns falsch verhalten und mit übermäßiger Gewalt reagieren, was das verletzten von Menschenrechten mit einschlösse. Zudem fehle es auch an landesweit einheitlichen Schulungen, mehr noch: viele von uns würden gar nicht geschult. Was soll ich dazu sagen, es stimmt einfach! Uns fehlt es aber an Macht, daran etwas zu ändern.

Unsere Arbeit ist oft lebensgefährlich, weil wir ständig damit rechnen müssen, von bewaffneten Räubern tätig angegriffen zu werden. Sie wissen genau, dass wir keine Waffen tragen, weil es uns verboten ist.

Und als ob das nicht schon genug wäre, werden wir nur allzu oft unterhalb des Mindestlohnes bezahlt, sind dazu sozial schlecht abgesichert und arbeiten oft über die gesetzlich erlaubte Arbeitszeit hinaus."

Die Geschäftsführung teilt uns daraufhin lapidar per E-Mail kurz und bündig mit:

„Bedauerlicherweise kann es passieren, dass unbewaffnetes Wachpersonal von bewaffneten Banditen überfallen werden."

Kopfschüttelnd steigen wir in einen Bus und fahren weiter auf die westafrikanische Küste zu. Unser nächster Halt ist

Senegal

In der Hauptstadt Dakar finden wir trotz des chaotischen Verkehrsgewühles den Wachmann Amadu. Er berichtet:

„Es heißt, dass wir im Vergleich zu vielen westafrikanischen Ländern recht sicher leben. Das mag ja sein!...Wahr ist, dass der Sicherheitssektor wächst und Fakt ist, dass der Staat die Jugendkriminalität und die städtische Kriminalität nicht in den Griff bekommen kann.

Die private Wachbranche ist eine wichtige Stütze für die Polizei im Land. Aufgrund des Wachstums unserer Branche finden immer mehr Menschen eine Arbeit, was an und für sich eine sehr gute Sache ist, denn Senegal leidet unter einer sehr hohen Arbeitslosigkeit.

Die Wachschutzindustrie hat sich in den vergangenen Jahren weiterentwickelt,. Zur Objektbewachung gesellten sich noch der Geldtransport, der Personenschutz und elektronische Sicherheitssysteme hinzu.

Der senegalesische Rechtsrahmen für die private Wachindustrie stammt von 1978, wurde zuletzt 2003 überarbeitet und ist völlig veraltet. Das nützt zu aller erst den Unternehmenseigentümern. Transparenz, die aufzeigen könnte, wem denn welches Unternehmen gehört, könnte durch eine entsprechend gesetzliche Registrierung geschaffen werden.

Aber es gibt keine Rechenschaftspflicht für die privaten Sicherheitsunternehmen. Die für sie zuständigen Behörden haben weder die Möglichkeit, Pflichten effizient durchzusetzen noch die stetig um sich greifende Korruption zu verhindern.

An unseren Einsatzorten mangelt es oft an genügenden Essenspausen, es wird uns kaum Zeit gegeben, mal etwas trinken oder essen zu können. Anscheinend ist unser Chef der Meinung, dass wir das nicht nötig hätten, ergo fehlt ebenso oft das stille Örtchen. Niedriglöhne kommen noch oben drauf.

Menschenrechte zählen bei uns kaum. Einige Mutige wehren sich dagegen, aber das sind jedoch absolute Einzelfälle. Denn das Gros hält sich aus Sorge um den Job vor Beschwerden oder sogar mit dem Gedanken, in der Gewerkschaft aktiv zu werden, zurück. Im Grunde genommen haben wir nur die Wahl zwischen Pest und Cholera.

Das Ansehen unseres Gewerbes in der Bevölkerung ist niedrig. Allerdings tragen auch manche Wachkräfte selbst mit dazu bei, indem sie Menschenrechte mit Füßen treten und sich kriminell verhalten. Das resultiert hauptsächlich aus mangelnder Kenntnis der Menschenrechte. Echte Boshaftigkeit ist weniger im Spiel. Es fehlt an verpflichtenden Schulungen, in denen die Menschenrechte und das Einhalten derselben gelehrt wird."

Der Chef von Amadu schreibt uns darauf entsetzt in seiner E-Mail:

„Was? Ich soll Rechenschaft ablegen? Wofür soll das bitteschön gut sein? Wie ein Wirtschaftsunternehmen zu führen ist, weiß ich, der dieses seit vielen Jahren praktiziert, doch wohl am allerbesten.

Kurse kosten viel Geld. Wenn sich die Kunden darüber beschweren, dass sich meine Untergebenen falsch verhalten, kläre ich sie darüber auf, was sie verkehrt gemacht haben und dass sie sich gegenüber unserer Kundschaft gefälligst immer korrekt zu verhalten haben. Wer daraus nicht lernt und nicht hören will, muss fühlen und wird entlassen. Das ist effektiver als jeder Kurs und spart Kosten!"

Fassungslos reisen wir weiter. Um das nächste Land zu erreichen, nehmen wir wieder einmal ein Schiff und schippern über den Atlantik Richtung

Guinea

Nachdem wir den Hafen der Hauptstadt Conakry erreicht und wieder verlassen haben, treffen wir Ismael. Er ist ein groß gewachsener, freundlich dreinschauender Mann mit wachem Blick. Wir sind sehr gespannt auf seinen Bericht:

„Der Wachbetrieb, für den ich tätig bin, teilt mich ausschließlich für Nachtdienste ein. In diesen Zeiten ist das Leben in Conakry besonders gefährlich, denn die meisten bewaffneten Raubüberfälle und Einbrüche, die Autodiebstähle nicht zu vergessen, passieren nachts. Guinea, ein Hort innerer Sicherheit? Das kannst du knicken! Was die Lage noch verstärkt ist, dass es vielen Anrainerstaaten kaum anders ergeht. Aus diesem Grund leidet Guinea an Terrorbedrohungen sowie am illegalen Waffenhandel.

Die gesetzlichen Bestimmungen für die private Sicherheitsbranche sind das Papier nicht wert, auf dem sie gedruckt wurden und kommen viel zu lasch daher.

Wir privaten Wach- und Sicherheitskräfte genießen weder eine körperliche noch eine soziale Absicherung.

Viele Landsleute meinen, dass wir von Menschenrechten und noch mehr von der Umsetzung keine Ahnung haben. Um dem entgegenzuwirken, wäre es notwendig, dass wir mit den staatlichen Wachleuten mehr kooperieren.

Sogar unser Chef ist der Ansicht, dass unsere Fähigkeiten durch eine wesentlich bessere Schulung dringend erhöht werden müssten. Zudem bräuchte es viel bessere Arbeitsmittel und ebenso auch viel mehr staatliche Förderung, um die Wach- und Sicherheitsindustrie einheitlich zu regeln. Außerdem meint er, dass dadurch auch die miserablen Arbeitsbedingungen ein Ende finden könnten und fügt hinzu, dass es viele Chefs gäbe, die wie er denken würden."

Das hört sich doch gut an und obwohl wir Ismael Glauben schenken, suchen wir seinen Vorgesetzten dennoch auf. Auch die Adresse, die uns der Wachmann gegeben hat, stimmt, wir erwarteten nichts anderes und werden sehr freundlich von seinem Vorgesetzten empfangen.

„Die Angaben meines Mitarbeiters über die sehr großen Probleme in der privaten Sicherheitsbranche Guineas muss ich Ihnen leider ohne Umschweife bestätigen. Aber solange die staatliche Unterstützung zur Verbesserung der Lage ausbleibt, sind mir und den Unternehmensleitungen, die genauso wie ich denken, leider die Hände gebunden. - Mehr kann ich Ihnen dazu nicht sagen und danke Ihnen für Ihr Interesse, haben Sie einen schönen Tag und alles Gute für Ihre Weiterreise."

Ernüchtert besteigen wir wieder ein Schiff. An der westafrikanischen Küste geht es weiter südwärts. Allzu lang ist sie nicht, unsere Fahrt, und wir erreichen

Sierra Leone

In der Hauptstadt Freetown lernen wir Samuel kennen, der den folgenden Bericht für uns parat hat:

„In unserem kleinen Land existieren legale und illegale Wachunternehmen, die nebeneinanderher arbeiten. Obwohl die Branche gesetzlich geregelt ist, gibt es landesweit keine geltenden Richtlinien für Schulungen. Beschwerden über das verletzen von Menschenrechten können bei den dafür zuständigen Ämtern nicht eingereicht werden. Für Beschwerden von Wachkräften über ihre Vorgesetzte oder dass es den Chefetagen möglich ist, sich über uns zu beschweren, nichts davon ist möglich.

Wen wundert es, dass die Motivation von uns Wachleuten gegen Null sinkt? Und dann sollen wir bei den viel zu niedrigen Löhnen noch gute Arbeitsqualität liefern? Halten unsere Chefs etwa die gesetzlich verordneten Arbeitsvorschriften ein? Nein, das machen sie nicht! Also stehlen wir, was wir können, statt fremdes Eigentum zu schützen."

Was für eine Aussage. Sein Chef schweigt zu alledem. Aber würden wir uns an deren Stelle anders verhalten? Hier den Stab zu brechen fällt uns satten Mitteleuropäern leicht. Genau darüber reden wir noch lange, auch auf dem nächsten Schiff, mit dem wir das nächste Ziel anzusteuern.

Liberia

Der Wachmann Dolo berichtet uns aus Monrovia der Hauptstadt des zweiten für afrikanische Verhältnisse kleinen Landes, das wir besuchen:

„Die private Sicherheitsindustrie ist hier dem *Ministerium für Sicherheitswirtschaft*, genauer, dem *Justizministerium, Abteilung öffentliche Sicherheit*, unterstellt, das die Richtlinien festgesetzt hat, die unsere Branche befolgen muss.

Gut gebrüllt, Löwe? Leider nein. Denn um sie effektiv durchzusetzen, benötigt das Amt vor allem Mitarbeitende, die, mit den dafür notwendigen Mitteln ausgerüstet, ebendiese auch durchsetzen können. Es fehlt beides.

Darum ist es vollkommen irrelevant, ob sich private Wachunternehmen an die gesetzlichen Bestimmungen halten oder ob sie es bleiben lassen. Denn von den vielen, die sich nicht an geltendes Recht halten, werden die wenigsten bestraft.

Liberia ist seit 2023 weltweit der größte Flaggenstaat für die Seefahrt aus aller Herren Länder. Viele ausländische Schiffe fahren unter der liberianischen Flagge. Aber gesetzlich ist absolut rein gar nichts geregelt.

Privates Wach- und Sicherheitspersonal, das für das Unternehmen, bei dem es angestellt ist, auf Handelsschiffen arbeitet, ist so der Willkür von ihren Vorgesetzten schutzlos ausgeliefert. Sie, die eigentlich für die Wachleute verantwortlich sind, können mit ihnen tun oder lassen, was sie wollen. Niemand interessiert sich für die, die in der Hierarchie ganz unten stehen.

Unser Lohn ist auch deswegen so niedrig, weil die Kundschaft, der wir schließlich unsere Dienste anbieten, weniger dazu geneigt ist, ebendiese zu bezahlen oder sie zahlt erst nach langem Zögern."

Sein Chef meint dazu kurz und knapp per E-Mail:

„Die Gesetze sind da, um gebrochen zu werden. Wo kein Kläger, da kein Richter." Sprachlos steuern wir unser nächstes Ziel an, diesmal reisen wir mit dem Bus zur

Elfenbeinküste

Bouaké ist eine Großstadt, die ziemlich zentral im inneren des Landes liegt. Der Wachmann Kone berichtet:

„Die gesetzlichen Bestimmungen sind aus dem Jahr 2005 und damit nicht mehr auf der Höhe der Zeit. Die Regelungen im Wach- und Sicherheitsbereich, sowie das gewährleisten und lehren von Freiheits- und Grundrechten, gar nichts davon wird uns auch nur im geringsten genügend beigebracht. - In sehr vielen Punkten, die unerlässlich sind, um fremdes Eigentum professionell bewachen zu können, sind wir restlos überfordert und stellen eher ein großes Risiko für unsere Kundschaft und ebenso für andere Menschen dar.

Die Mehrheit der privaten Wach- und Sicherheitsbetriebe arbeitet illegal, auch weil die gesetzliche Lizenzierung bis zu einem halben Jahr dauern kann. Lediglich eine Minderheit, die staatlich beaufsichtigt wird, operiert legal.

Abhilfe würde eine kürzere Wartezeit bei den Lizenzvergaben bringen. Genauso wichtig wäre selbstverständlich auch eine polizeiliche Zuverlässigkeitsprüfung, in der offengelegt werden könnte, ob denn ein Bewerber vorbestraft ist oder nicht. Ebenso wichtig wäre eine verpflichtende Unterrichtung, in der uns die Grund- und Freiheitsrechte sowie vordergründig die Menschenrechte gelehrt würden.

Des Weiteren müssten wir grundlegendes über die Einsatzorte wissen, um durch erworbene Fähigkeiten auch den von der Kundschaft gewünschte Qualitätsstandart abliefern zu können. Absolut nichts von dem, was ich eben gerade aufzählte, ist vorhanden, noch nicht einmal im Ansatz!"

Ob Zufall oder nicht, gerade, als wir uns von Kone verabschieden wollen, kommt sein Chef, der offen und freundlich auf uns zutritt. Anscheinend ist er über unsere Verabredung mit einem seiner Mitarbeiter bereits informiert und kommt sofort auf eines der Probleme zu sprechen:

„Zuverlässigkeitsprüfung, ja, das ist keine schlechte Idee. Ich habe mich mit einer Petition zusammen mit mehreren mir bekannten Sicherheitsunternehmern vor einigen Jahren an unsere Regierung in Yamousoukro gewandt, in der wir um staatliche Hilfe gebeten haben. Wir warten immer noch auf eine positive Antwort."

Leider hat der Chef keine Zeit, um auch die anderen Punkte zu besprechen und muss weiter. Das müssen wir auch. Über Land geht es wieder mit dem Bus weiter zu unserem nächsten Stopp

Ghana

In Kumasi angekommen treffen wir Adika und hören seinem Bericht gespannt zu:

„Es macht mich sehr stolz und glücklich, in einem friedlichen, demokratischen und stabilen Land wie dem unsrigen leben zu dürfen. Ghana ist der wirtschaftliche Motor des westafrikanischen Raumes und als privater Sicherheitsmann trage ich meinen kleinen, bescheidenen Beitrag dazu bei, dass das auch so bleibt.

Ghana unterschrieb als einer der wenigen Staaten die freiwilligen Grundlagen für Sicherheit und Menschenrechte. Darin ist festgelegt ist, dass sich alle Unternehmen hierzulande menschenrechtskonform zu verhalten haben, was uns wiederum für international tätige Investoren interessant macht. Soweit die Sonnenseiten.

Wo viel Licht ist, ist auch viel Schatten. Das beginnt bei den letztlich offenen Grenzen zu den Nachbarstaaten, die uns umgeben.

Dadurch blüht hier der illegale Handel mit Waffen, die ins Land kommen und oft im unrechtmäßigen Bergbau von kriminellen Bergleuten eingesetzt werden.

Ein legales Wachunternehmen, das ich kenne, wurde von Räubern, die eine illegale Mine betrieben, überfallen und erschossen. Der Grund ist schnell erklärt: Dessen Wach- und Sicherheitspersonal bewachte eine gesetzlich einwandfreie Mine.

Leider gibt es auch Sicherheitsbetriebe, die an hiesigen Gesetzen vorbei arbeiten. Der Staat versagt mehr als kläglich bei einer effektiven Vergabe von Lizenzen an private Wachunternehmen und scheitert dabei, sie zu überwachen. Damit sind den illegal arbeitenden Betrieben Tür und Tor für das verletzen von Menschenrechten weit und breit geöffnet."

Wir sind den Chef von Adika in seinem Büro am Rande von Kumasi verabredet. Auch er empfängt uns freundlich und sagt zum Bericht seines Angestellten:

„Bedauerlicherweise hat mein Mitarbeiter vollkommen recht. Viele Wachleute, die in legalen Betrieben tätig sind, werden von Kriminellen getötet. Ich bin jeden Tag froh und glücklich, wenn meine Mitarbeitenden ihre Dienste heil und gesund überstehen.

Aber schützen kann ich sie nicht, dafür fehlen mir leider die Möglichkeiten, ihnen finanziell tatkräftig unter die Arme greifen zu können. Bedauerlicherweise sind die Rahmenbedingungen so, wie sie sind!..."

Uns wird klar, dass es nicht allein nur die privaten Wach- und Sicherheitsleute sind, die unter ganz bestimmten Sachzwängen zu leiden haben.

Weiter geht unsere Reise von Kumasi über Land nach Accra über die Grenze in das dritte kleine afrikanische Land. Wieder nehmen wir den Bus. Er fährt uns nach

Togo

In der Hauptstadt Lomé treffen wir den Wachmann Koffi, der bereits im Hafen auf uns wartet. Hier sein Bericht:

„Die große Terrorgefahr, der wir privaten Sicherheitsangestellten zusammen mit den Polizeikräften und dem Militär im Bunde ausgesetzt sind, ist nicht von Pappe. Wir stehen mit ihnen in der ersten Reihe, wenn es gilt, dem Terrorismus gemeinsam den Gar ein und für allemal auszumachen. Terroristische Ziele können neben Hotels und Bürogebäuden auch und vor alledem Banken darstellen.

In gefährlichen Situationen dürfen wir auf gar keinen Fall Angst zeigen und müssen sie verbergen, denn selbstverständlich ist sie da, spürbar und nah!

Durch schlechte Arbeitsbedingungen wird unsere Lage noch zusätzlich erschwert. Die Niedriglöhne, die sind lausig, anders kann ich sie nicht nennen. Uns fehlt es an Dienstkleidung und Versicherungsschutz. Ob das *Sicherheitsministerium* die private

Wach- und Sicherheitswirtschaft reguliert oder nicht, weiß ich leider nicht. Was ich aber weiß ist, dass ebendiese Behörde uns Sicherheitskräften Unprofessionalität vorgeworfen hat.

Wo soll sie herkommen? Schließlich ist es die Aufgabe des Sicherheitsbetriebes, für das wir tätig sind, uns für die von ihnen übertragenen Aufgaben das dafür richtige Rüstzeug mitzugeben, um diese dann letztendlich auch professionell umsetzen zu können. Aber das machen sie kaum.

Um all diese Missstände abzubauen, bin ich in unsere Gewerkschaft *Sicherheit und private Gartenarbeit* eingetreten."

Die Geschäftsführung von Kofi reagiert unwirsch in einer E-Mail:

„Der junge Mann kann froh sein, wenn wir ihn nicht sofort feuern! Selbstverständlich sind alle Wachleute, die bei uns angestellt sind, krankenversichert und werden mit guter Arbeitskleidung versorgt. Gemessen an den Hilfstätigkeiten, die unser Personal verrichtet, ist die Lohnhöhe hoch genug."

Freundlich geht anders. Uns drängt es zum Aufbruch. Diesmal nehmen wir wieder einmal das Flugzeug, um das nächste Land zu erreichen.

Nigeria

Im Landesinneren liegt die Millionenstadt Kano, in der wir den Wachmann Fani in einem Café treffen:

„Aufstände, Banküberfälle und nicht zu vergessen Entführungen stellen eine sehr große Belastung für die Polizeikräfte und die Armeeangehörigen dar. Der private Sicherheitsdienst nimmt in diesem Sinn eine immer wichtiger werdende Stütze ein.

Das hiesige *Sicherheits- und Zivilkorps* ist die Behörde, die für das regulieren der privaten Wachbetriebe den Hut aufhat. Das entsprechende Gesetz ist von 1986 und auch der neue Anlauf von 2007 hat gar nichts daran geändert, dass der Rechtsrahmen hoffnungslos veraltet ist. Das *Sicherheits- und Zivilkorps* ist durch die Regierung unterfinanziert. Dadurch ist eine effektive Kontrolle, ob sich die Wach-

und Sicherheitsbetriebe an die Gesetze halten oder ob sie es bleiben lassen, nicht möglich.

Die Kosten für die Lizenzierung eines privaten Sicherheitsbetriebes sind sehr hoch. Das ist der Grund, weshalb sich eine sehr große Reihe vieler Wach- und Sicherheitsunternehmen dazu gezwungen sehen, am Ende doch illegal zu arbeiten. Professionalität bleibt auf Arbeitgeber- und Arbeitnehmerseite somit auf der Strecke, gute Arbeitsbedingungen können so nicht zustande kommen.

Zudem beteiligen sich einige Beamte und Eliten aus der Politik an privaten Wach- und Sicherheitsunternehmen. Einem Teil von ihnen gehört entweder ein Betrieb oder sie sind in der Führungsebene an einem beteiligt. Daraufhin können sie bestehende Gesetze mittels Korruption zu ihren Gunsten geltend machen.

Eine unabhängige Regulierungsbehörde ist damit in weite Ferne gerückt. Das hat weitreichende Folgen für das Verletzen von Menschenrechten, die auf der einen Seite von den Arbeitgebern aber ebenso von dem Sicherheitspersonal begangen werden können.

Die Arbeitsbedingungen sind schlecht, was sich bei vielen Kolleginnen und Kollegen einerseits durch eine geringe Motivation und andererseits durch eine hohe Fluktuation total bemerkbar macht. Niedrige Löhne und Zuschläge sowie eine fehlende soziale Absicherung verstärken diese Situation zusätzlich."

Fanis Vorgesetzter empfängt uns im großräumigen Büro seines Betriebes. Sein dunkelblauer Anzug mit einem dazu passendem blauen Binder und einem blütenweißen Hemd sitzt tadellos. Er wirkt nicht unfreundlich, als er beginnt zu reden:

„Manche meiner Untergebenen werfen mir vor, dass ich zur Elite unseres Landes gehöre. Aber dafür habe ich viel getan. Ich habe in England und an der Harvard-Universität in den USA studiert. Heute bewege ich mich mit Fug und Recht in den höchsten Regierungskreisen. Als ein ausgewiesener Sicherheitsexperte habe ich einen sehr großen Einfluss beim fällen politisch wichtiger Entscheidungen in unserer Branche.

Was kann ich dafür, dass es Menschen gibt, die weniger im Gehirn als ich oder nicht viel Glück im Leben haben? In einem Punkt hat Fani jedoch absolut recht: die Kosten für die Lizenzierung sind viel zu hoch und ein echt großes Problem. Mein Unternehmen arbeitet mit Lizenz."

Ob das stimmt, können wir natürlich gar nicht einschätzen. Das nächste Ziel ist nicht gerade gut mit dem Zug oder dem Bus zu erreichen. Ein Flugzeug bringt uns ins Nachbarland

Kamerun

Und wieder ist es eine Hauptstadt und erneut sind wir an der Küste. In Duala treffen wir auf Jean:

„Kommen wir zuerst einmal zu den Sonnenseiten. Die private Wach- und Sicherheitsindustrie ist ein wichtiger Eckpfeiler, um die innere Sicherheit im Land bereitzustellen. Unser Berufszweig schafft tausende Jobs und senkt damit signifikant die hohe Arbeitslosenquote.

Leider war es das schon mit den positiven Seiten. Das Regulierungsgesetz für unser Gewerbe stammt sage und schreibe aus dem Jahr 1977, das durch Gesetze, differenziert und verordnet vom Staat, Aktivitäten der Wachbetriebe einschränkt. Folglich arbeiten viele anonym und halten sich nicht an die Gesetzestreue.

Vonseiten der Regierung ist unklar, wie Sicherheitsbetriebe genehmigt werden. Es mangelt an Schulungen, in denen die Grund- und Menschenrechte gelehrt werden. Wenn wir uns über mögliches Fehlverhalten unserer Vorgesetzten zur Wehr setzen und uns beschweren wollen, fehlen uns die Mittel, es beweisen zu können.“

Sein Vorgesetzter wollte sich nicht zum Bericht seines Angestellten äußern. Ein weiteres Schiff nimmt uns mit auf die Weiterreise nach

Gabun

Pierre berichtet aus Libreville, einer, wie wir feststellen, quirligen Hauptstadt. An die tropischen Temperaturen haben wir uns inzwischen langsam gewöhnt:

„In Gabun ist die private Wachindustrie sehr verschwiegen und trotzdem überall zu sehen. Das muss sie auch sein, denn gerade in der Hauptstadt grassiert das Verbrechen. Menschenhandel ist hier bei uns genauso an der Tagesordnung wie Morde und Raubüberfälle. Diebstähle sind im Vergleich dazu noch unser kleinstes Problem.

Sehr viele meiner Landsleute fühlen sich in ihren eigenen Häusern gar nicht mehr sicher. Dann kommen wir dran und freuen uns, eine Arbeit zu haben.“

Mehr gab unser Wachmann nicht preis. Dabei wäre es doch interessant zu hören, wie es rechtlich um die Wachbranche in Gabun steht.

Die unternehmerischer Sicht konnten wir weder von dem Betrieb, für den Pierre arbeitet, noch sonst irgendwie erfahren. Sehr Schade.

Was bleibt uns weiter übrig, als in den Flieger zu steigen. Wieder überqueren wir den Äquator und landen in der

Demokratische Republik Kongo

Wir lernen Leon in der Stadt Kolwezi, die im Süden des Landes liegt, kennen:

„Landesweit existieren etwa 300 private Wachbetriebe. Uns Wachkräften ist es per Gesetz nicht erlaubt, Waffen zu tragen. Die Unterrichtungsanforderungen als auch die Betriebsbedingungen sind rechtlich geregelt.

Am Ende handelt es sich hierbei um zahnlose Tiger. Ein Register, dass die Aktivitäten der Sicherheitsunternehmen einerseits und diejenigen des Personals andererseits überwacht und kontrolliert, existiert nicht. Darum gibt es einen großen Anteil illegal operierender Betriebe in der privaten Wach- und Sicherheitsindustrie.

Schulungen sind für uns weder landesweit einheitlich geregelt noch sind sie für das private Wachpersonal bezahlbar. Mehr noch, sie sind für das Gros von uns überhaupt nicht zu erreichen, weil sie in der Hauptstadt Kinshasa stattfinden.

Das Unternehmen, für den ich in Kolvezi arbeite, ist rund 1300 Kilometer davon entfernt und die Betriebsleitung ist nicht im entferntesten dazu bereit, die Reisekosten dafür zu übernehmen. Stattdessen bietet sie jedoch wenige Einweisungsstunden an, wobei das Thema Menschenrechte keine Erwähnung findet und auch das Völkerrecht ausgeklammert wird.

Mir selbst ist es schon passiert, dass ich über längere Zeit länger als rechtlich erlaubt arbeiten musste. Mindesturlaub wurde mir auch schon mal gestrichen.

Begründet wurde das mit dem Mangel an Arbeitskräften. Selbst der Mindestlohn, der gesetzlich garantiert ist, wurde mir ohne es zu begründen vorenthalten.

Wen wundert es noch, wenn sich einige Wachkräfte aus diesen Gründen heraus auf organisierten Diebstahl einlassen, mit kriminellen Banden zusammenarbeiten oder es zulassen, dass fremdes Eigentum das sie ja eigentlich bewachen sollen, gestohlen wird?

Falls die Chefetagen davon jedoch Wind bekommen, kann die Wachkraft, die das angeblich betrifft entlassen werden, ohne das vorher die Vorwürfe jemals überprüft wurden, ob sie der Wahrheit entsprechen."

Der Chef von Pierre ist trotz Nachfrage leider nicht bereit, mit uns persönlich zu sprechen, sendet uns aber ein Video:

„Unser Wachpersonal wird lediglich nur soweit unterrichtet, wie ich es für nötig halte. Was sie in ihrem Einsatzort zu beachten haben, wird ihnen mitgeteilt. Wenn uns ein Kunde sagt, dass ein

Wachmann mit Dieben kooperiert, fliegt der sofort raus aus meinem Betrieb! Warum soll uns der Kunde anlügen?

Der Kongo ist ein rohstoffreiches Land, mein Sicherheitspersonal wird auch in Minen, in denen Kobalt gewonnen wird, eingesetzt. Dabei entzieht es sich jedoch meiner Kenntnis, ob dort Kinderarbeit existiert. Und wenn schon, meinen Sie etwa, dass es hier mitten in Afrika, im Kongo, tatsächlich so etwas wie ein staatlich funktionierendes Sozialsystem gibt? Ihr fetten und satten Europäer habt doch gar keine Ahnung! "

So schlimm Kinderarbeit ist, wir wissen, dass Kobalt in jedem Handy zu finden ist. Jede und jeder von uns besitzt eins, wir profitieren also auch davon, dass es Kinder gibt, die für uns arbeiten, statt in die Schule gehen zu können und zu lernen. Wir verstehen den Wutausbruch des Vorgesetzten am Ende des Videos.

Als wir aus dem Flieger den Dschungel unter unseren Füßen sehen,(und ihn mit unseren Handys filmen) nimmt uns dessen Schönheit trotz alledem fast den Atem. Mehr noch, wir können uns gar nicht sattsehen und staunen immer wieder, sobald es möglich ist, den Urwald aus dem Fenster des Flugzeuges sehen zu können. Wir erreichen wir bald

Äthiopien

In der Stadt Gondar lernen wir endlich mal eine Wachfrau kennen. Als wir zu ihrem Arbeitsplatz in einem Hotel ankommen, winkt sie uns freundlich zu, was auch kein Wunder ist. Hier sind wir es, die durch unser europäisches Aussehen auffallen. Makeda berichtet:

„Auch bei uns wachsen die Wachbetriebe wie Pilze aus dem Boden. Zudem blüht die Verbreitung illegaler Waffen und der dazu gehörende Waffenhandel. Den stets und ständig passierenden Attentaten steht die Regierung machtlos gegenüber.

Wer es sich leisten kann, greift gerne auf unsere Dienstleistungen zurück. Zwar existieren auch in Äthiopien gesetzlich lizenzierte Sicherheitsbetriebe, jedoch ist die Zahl der unlizenzierten Unternehmen viel zu hoch. Die einwandfrei arbeitenden Betriebe besorgt dieser Fakt sehr stark.

Für alle, die es möchten, gilt: jede und jeder kann eine Sicherheitsbude ohne gesetzlich festgeschriebene Bedingungen eröffnen. Niemand überwacht die privaten Sicherheitsunternehmen und das, obwohl deren Zahl stetig steigt.

Das tragen von Dienstwaffen ist uns nicht erlaubt, aber eine Dulla, sprich, ein Stock, ist erlaubt. Insbesondere für Wachfrauen ist das zu unserer eigenen Verteidigung mehr als notwendig. Ausnahmen gibt es für die diplomatischen und internationalen sowie die humanitären Institutionen. Dort darf das interne Wachpersonal eine Waffe tragen, Tendenz steigend.

In puncto Schulungen werden wir jedoch nur allzu oft allein gelassen. Um im Wach- und Sicherheitssektor arbeiten zu können, müssen die Frauen schulisch besser als die Männer gebildet sein."

Ihr Chef schickt uns eine kurze E-Mail:

„Unser Gewerbe braucht sehr viel mehr Frauen wie unsere Mitarbeiterin Makeda. Nach meinen Erfahrungen, und ich bin seit vielen Jahren als Unternehmer im privaten Sicherheitssektor tätig, muss ich zugeben, dass sie mit Abstand meine beste Mitarbeiterin ist. Makeda nimmt ihre Aufgaben ernster und meistert sie oft besser als mein männliches Personal."

Dann müssen sich die Jungs wohl ein bisschen mehr anstrengen. Ob das überall so ist, können wir natürlich mitnichten beurteilen. - Um unser nächstes Ziel zu erreichen, würden wir gerne mit dem Zug oder dem Bus weiterreisen. Davon wird aber dringend abgeraten, also fliegen wir wieder in die südliche Hemisphäre nach

Kenia

Erneut lernen wir eine Wachfrau kennen. Nala erwartet uns bereits am Flughafen von Mombasa und berichtet:

„Die private Wachindustrie gehört zu den am schnellsten wachsenden Branche in Kenia. Ich habe landesweit über 500.000 Kolleginnen und Kollegen, mit ihnen kann die private Sicherheitswirtschaft einen Jahresumsatz von ungefähr 300.000 Kenianische Schilling (über 1,7 Millionen Euro, Stand 2019) erwirtschaften. Zu unseren Einsatzorten gehören Schulen, Universitäten und Wohngebiete, die wir bewachen und bestreifen.

Das private Sicherheitsgewerbe ist aus dem öffentlichen Leben gar nicht mehr wegzudenken. In Kenia bieten große, mittelständische und lokale Unternehmen Sicherheitsdienstleistungen an. Dabei ist es so, dass soweit ich Bescheid weiß, die letztgenannten das Nachsehen haben, ihr Angebot an Dienstleistungen verkaufen zu können.

Ich denke, dass es daran liegt, weil sie mit den Preisen von der Konkurrenz nicht mithalten können. Denn der Wettstreit untereinander ist hart. Bei der Qualität der Dienstleistungen ist noch viel Luft nach oben.

Seit 2016 ist unser Sektor im Besitz eines rechtlichen Rahmens. Bedauerlicherweise nützt der uns Wachfrauen wenig. Nicht, dass nur weibliche Wachkräfte ausgenutzt werden, dass betrifft auch die Männer. Doch uns trifft die Ausbeutung härter als sie.

Dabei geht es vorrangig um sexuelle Gewalt am Arbeitsplatz. Der Bogen beginnt mit sexistischen Sprüchen, geht über in sexuelle Übergriffe bis hin zum Stalking und endet bei Vergewaltigungen.

In den Schulungen sind Menschenrechte kaum ein Thema, schon gar nicht die von Frauen. Dafür werden sie öfter mit Füßen getreten.“

Von Vorwürfen dieser Art werden wir später noch mehr hören. Der Vorgesetzte von Nala schreibt uns in einer E-Mail:

„Mir ist absolut kein einziger Fall eines Wachmannes bekannt, der auch nur eine Wachfrau in irgendeiner Art und Weise belästigt hätte. Ich habe kürzlich bei mir befreundeten Kollegen, die ein Wach- und Sicherheitsbetrieb leiten, nachgefragt, ob ihnen ein derartiger Fall bekannt ist. Jeder von ihnen hat das verneint.

Aber wenn auch nur ein Wachmann eine Kollegin bereits im Ansatz in welcher Form auch immer belästigt hätte, wäre der mit Sicherheit schneller von mir gefeuert als er überhaupt gucken kann. Das ist für mich selbstverständlich!"

Zur Abwechslung nehmen wir mal wieder ein Schiff, das uns über den warmen Indischen Ozean in das nächste Land bringt, das wir sehen wollen.

Tansania

Auch hier betreten wir bei unserer Ankunft hauptstädtischen Boden. In Daressalam begegnen wir dem Wachmann Kito. Er berichtet uns folgendes:

„Hierzulande gibt es mehr private als staatliche Wachkräfte. Dabei wächst die private Sicherheitsindustrie unkontrolliert. Deren Unternehmen sind einerseits der *tansanischen Polizei* und andererseits ihrer *Gemeindepolizeibehörde* unterstellt. Sie müssen sich bei der *Behörde für Lizenzierung und Geschäftsregulierung,* kurz *BRELA*, registrieren lassen. Danach herrscht Ruhe im Karton. Niemand fragt, ob sich die Betriebe weiteren Gesetzen unterwerfen oder ob sie es unterlassen.

Die miserablen Bedingungen, die unsere Ausrüstungen und genauso die unserer Arbeit betreffen, interessiert hier keine Sau, schon gar nicht unseren Boss, der als General immer noch im Staatsdienst aktiv ist.

Damit ist er nicht allein. Es gibt bei uns einige noch aktive Staatsbedienstete aus Polizei- und Armeeangehörigen, die ein privates Sicherheitsunternehmen ihr eigen nennen und dadurch einen sehr großen Einfluss auf die Regierung haben. Das ist bei unserem Chef nicht anders.

Tansania ist sehr reich an Bodenschätzen. In dem Unternehmen, in dem ich arbeite, bewachen und beschützen wir Goldminen. Probleme macht uns zusammen mit den Polizeikräften immer wieder der illegale Kleinbergbau.

Stets kommt es zu Zusammenstößen mit den kriminellen Bergleuten. Sie drängen die in die Minen, die wir schützen und bewachen. Wenn es nötig ist, verteidigen wir sie auch mit brutaler Gewalt und das ohne Gnade! Was mit den Bergleuten geschieht, liegt nicht mehr in unserer Verantwortung, das juckt uns auch nicht. Die sind doch selber schuld, wenn ihnen etwas passiert."

Den Chef von Kito lernen wir persönlich kennen. Er empfängt uns standesgemäß in seiner glänzenden Generaluniform. Seine Bewegungen sind zackig, sein Büro ist akribisch sauber und ordentlich. Dabei spricht der Mann nicht zackig-herrisch, sondern freundlich aber sehr bestimmt:

„Das Wachpersonal hat zu parieren, mein Wort ist Gesetz. In meinem Betrieb habe nur ich das Sagen. Oder soll vielleicht einer von diesen ungehobelten und dazu noch völlig ungebildeten Wachmännern das Zepter übernehmen? Nur über meine Leiche! Die Jungs müssen erst einmal zurecht geschliffen werden.

Ich und meine Freunde, von denen viele ebenfalls ranghohe Angehörige von Militär und Polizei sind, haben einen sehr großen Einfluss auf die Regierung in Daressalam. Was wir auf gar keinen Fall wollen, ist ein staatlicher, stark regulierter Rahmen, der unsere Handlungsmöglichkeiten einengt. Der soll weiterhin das bleiben, was er ist: schwach.

Gute Arbeitsbedingungen interessieren uns genauso wenig wie das Einhalten der Menschenrechte. Unser Wachpersonal hat keine Ahnung von Menschenrechten und übertritt sie aus Unkenntnis? Selbst wenn dem so ist, all das ist uns völlig gleichgültig. Es interessiert und schlicht und einfach nicht, verstehen Sie das? Wir wollen aus all den Rüpeln absolut keine gebildeten Menschen machen.

Bedenken Sie: je unwissender sie sind, desto einfacher sind sie zu führen. Ansonsten werden die vielleicht noch aufsässig. So etwas können wir auf gar keinen Fall in unseren Reihen dulden. Uns ist es wichtig, dass unsere Interessen gewahrt bleiben und die Regierung allein in unserem Sinne handelt. Wir haben da so unsere Mittel, dass sie das macht, was wir und selbstverständlich nur wir wollen."

Nach dem eben Gehörten ist uns zumindest ein großes Problem klar, woran es liegt, dass der Staat gar nicht in der Lage sein kann, einerseits für humane Arbeitsbedingungen sorgen zu können und andererseits das Verletzten von Menschenrechten durch das private Sicherheitspersonal so weit wie möglich zu verhindern. Letzteres ist nach unserem Wissen eher auf Unkenntnis als auf Boshaftigkeit der privaten Wachkräfte zurückzuführen und das betrifft, wie wir gesehen haben, nicht allein Tansania.

Nun fliegen wir weiter über die Länder Mosambik, das kleine Malawi, Simbabwe und Botswana und erreichen bald unser vorletztes Ziel:

Südafrika

Nachdem wir in Johannesburg gelandet sind, fahren wir mit dem Zug nach Pretoria, wo uns die Wachfrau Lianie am Bahnhof erwartet. Sie berichtet:

„Die Sicherheitsindustrie ist eine der am schnellsten wachsenden Branchen und eine der größten weltweit. Mit den über 500.000 registrierten Wachleuten stecken wir die Zahl der Polizeikräfte mehr als vier mal in die Tasche.

Laut Gesetz werden all diese privaten Wachbetriebe von unserer *Behörde für die Überwachung der Sicherheitsindustrie* überwacht, also rein theoretisch. Das Amt hat viel zu wenig Mitarbeitende, um das Überwachen auch praktisch durchführen zu können.

Auf diese Art und Weise kann kriminelles Verhalten nicht unterbunden werden, das klappt noch nicht einmal in der eigenen Kollegschaft. Das kann ich bezeugen, denn eines von den sehr vielen lebenden Beweisen steht vor euch!

Wir Wachfrauen sind Freiwild. Vor zwei Jahren wurde ich im Dienst von einen Kollegen vergewaltigt. Er nannte das ganz lapidar sexuelles korrigieren, weil ich mit einer Frau zusammenlebe. Naiv, wie ich war, habe ich ausgerechnet ihm davon erzählt, weil ich dem Kollegen vertraut habe. Welch ein Irrtum und was für eine menschliche Enttäuschung!

Ich habe ihn sofort nach der Tat bei der Polizei angezeigt, aber sie glaubte mir nicht. Mein Vertrauen in die staatlichen Schutzkräfte ist vor der Vergewaltigung schon nicht besonders gut gewesen, seitdem ist es endgültig dahin. Damit stehe ich garantiert nicht alleine da, die meisten Südafrikanerinnen und -afrikaner sehen das genauso.

Mittlerweile habe ich das Unternehmen verlassen. In dem Wachbetrieb, für den ich jetzt arbeite, schweige ich über meine sexuelle Veranlagung wie ein Grab. Sie geht ja auch niemanden etwas an.

Unser Job kann überall in Südafrika, auch hier in Pretoria, sehr gefährlich sein. Vor zwei Monaten habe ich erfahren, was zwei Kollegen von mir widerfahren ist. Als sie eine sehr gut gesicherte und schwere Geldkassette aus dem Transporter zur Bank bringen wollten, eröffnete ein mit Drogen total vollgepumpter Mann das Feuer.

Der eine Kollege, den der Täter am Kopf traf, starb noch im Hubschrauber auf dem Weg in die Klinik. Dem Anderen schoss der Mann zuerst in den Bauch und danach direkt in den Hals. Er starb noch vor Ort.

Schon zu ihren Lebzeiten schwebten beide Kollegen öfters in Lebensgefahr. Wie so viele von uns lebten sie wie auch ich in einem Township, einem Armenviertel hier in Pretoria, in dem Diebstähle und Schießereien zum Alltag gehören. Wir tauschten uns oft über die Erlebnisse aus, die entweder auf dem Weg zum Dienst oder nach Feierabend auf dem Heimweg stattfanden – und natürlich immer noch passieren."

Unsere nächste Verabredung haben wir nochmals in Südafrika. Der Bus fährt uns nach Kempton Park. Dort empfängt uns der Wachmann Boto in einem Café in der Innenstadt und berichtet:

„In meinem ersten Job als Wachmann war ich Nachtwächter in einem privaten Radiosender, habe also gearbeitet, wenn die meisten anderen schliefen. Die Arbeit war anstrengend. 12 Stunden lang stand ich Nacht für Nacht vor dem großen Haupteingang des Funkhauses. Als ich meinen Chef eines Tages nur um einen Hocker bat, wurde mein Gesuch mit der Begründung abgelehnt, dass ich darauf einschlafen könnte und die Sicherheit der Mitarbeitenden beeinträchtigt wäre.

Wenn meine Beine und der Rücken schmerzten, durfte ich mich an die Hauswand des Rundfunkhauses lehnen. Manchmal bekam ich freundlicherweise von den Mitarbeitenden einen Kaffee mit Keksen angeboten. Es war mir erlaubt, mich dabei im Foyer kurz aufwärmen.

Zum Glück sind diese diese Zeiten heute vorbei. Nachdem der Bewachungsauftrag dort auslief, hatte ich große Angst, wieder arbeitslos zu werden, denn immerhin habe ich eine Familie zu versorgen. Kurz und gut, ich durfte im selben Betrieb bleiben.

Meine Frau, vier Kinder und ich wohnen in einer Wellblechhütte in einem Township. Sie besteht aus zwei Räumen, das vierte Kind wurde gerade geboren. Heute bewache ich zusammen mit zwei Kollegen eine geschlossene Wohnanlage. Dort leben fast ausnahmslos reiche Weiße hinter einer massiven Grundstücksmauer, auf der Elektrodrähte mit einer Hochspannung von 10.000 Volt befestigt sind. Die überwindet so schnell keiner.

Jetzt kommen wir an die Reihe. Es gehört zu unseren Aufgaben, innerhalb von 24 Stunden an 365 Tagen im Jahr die Mauer mehrmals abzulaufen und nach möglichen Schäden zu sehen. Beispielsweise kann es vorkommen, dass sich ein Ast auf den Stromleitungen befindet. Den müssen wir dann entfernen.

Wer unerlaubt an der Grundstücksmauer herumlungert, muss von uns so schnell wie möglich entfernt werden. Falls es uns alleine nicht gelingt, sie zum Gehen zu bewegen, können wir per Funk Hilfe holen.

Auch wenn sich ein Affe oder ein anderes wildes Tier in einer Villa befindet, werden wir gerufen, um es zu entfernen. Ein Kollege hat dabei für einen kurzen Moment nicht aufgepasst und wurde von einer Giftschlange gebissen und starb. Er war ansonsten ein absolut vorsichtiger und sehr sympathischer Mann, es ist sehr schade um ihn.

Gearbeitet wird in 12-Stunden-Diensten tags und nachts, wobei immer nur eine Wachkraft vor Ort ist. Zwischen den Rundgängen sitzen wir in einer mehr schlecht als recht zusammengezimmerten Holzbaracke. Darin befindet sich eine Trennwand, die notdürftig das Plumpsklo vom Innenraum trennt, in dem sich nichts weiter als ein Plastikstuhl befindet, der vor dem Fenster steht. Eine Heizung gibt es nicht.

Im Winter kann es hauptsächlich im Juli knackig kalt werden, so dass sich an der Fensterscheibe Eiskristalle bilden können. Und das bei 5755 Rand (280,65 € Stand 2024) im Monat."

Keines der beiden Sicherheitsbetriebe hat sich zu den Berichten ihrer Angestellten geäußert. Das Land am Kap gehört wie Brasilien zu den Ländern mit der weltweit größten Kluft zwischen arm und reich

Namibia

In Swakopmund lernen wir die Wachfrau Mara kennen und hören ihren Bericht:

„Zugegeben, dummerweise ich habe die Schule geschmissen und wollte unbedingt Geld verdienen. Das ist erst wenige Jahre her. Inzwischen habe ich eine Familie zu ernähren. Mein Mann ist erwerbslos, wir haben fünf Kinder, von denen zwei zur Schule gehen. Wir leben am Stadtrand.

Seit mehr als 12 Wochen bekomme ich genau wie meine Kollegschaft keinen Lohn und das bei einer insbesondere für Wachfrauen nicht ungefährlichen Arbeit. Um sich in einer gefährlichen Situation wie einer drohenden Vergewaltigung wehren zu können, bräuchte jede Wach- und Sicherheitsfrau Pfefferspray. Aber ohne Geld können wir es nicht kaufen.

Jede und jeder von uns besitzt nur einen Satz Dienstkleidung, von Schutzkleidung oder entsprechenden Ausrüstungen ganz zu schweigen und das bei den Risiken, denen wir ausgesetzt sein können.

Niemanden schert es, ob und wie wir überhaupt zu unseren Arbeitsplätzen gelangen können, erst recht nicht unseren Chef. Es existiert keine Fahrmöglichkeit, um hinzukommen. Arbeitsverträge gibt es auch keine und unsere spätere Rente können wir in den Wind schreiben.

Seit zwei Monaten arbeiten wir ohne Lohn und sind es leid, immer mit leerem Magen zu arbeiten. Dabei ist es egal, ob wir als gebildet oder ungebildet gelten. Auch wir sind Menschen und kennen längst unsere Rechte.

Die namibische Verfassung erlaubt keine Ausbeutung von Landsleuten, die uns Bürgerinnen und Bürger nach Strich und Faden wie Weihnachtsgänse ausnehmen.

Der Chef droht uns mit Kündigungen, falls wir unsere Probleme öffentlich machen. Er meint, dass wir ihn bestehlen wollen. Wir haben es aber trotzdem gewagt. Die *Namibische Gewerkschaft für die private Sicherheitsindustrie* unterstützt uns mit Rat und Tat dabei. Im Gegenzug hoffen wir, dass ihr immer mehr Wachleute beitreten, damit sie nicht weiter schwach auf der Brust bleibt."

Auch dieser Vorgesetzte ist nicht gewillt, uns persönlich kennen zu lernen. Aber im Gegensatz zu manchen anderen ignoriert er uns nicht ganz und schickt eine E-Mail:

„Wozu denn Arbeitsverträge, wofür sollen die denn bitteschön gut sein? Mündliche Abmachungen, die mit einem Handschlag besiegelt werden, reichen völlig aus. Die ausstehenden Löhne zahle ich noch, nur keine Bange. Immerhin habe ich bis jetzt noch niemanden von ihnen entlassen, obwohl sie an die Öffentlichkeit gewandt haben. Ich bin doch kein Unmensch."

Mit vielem neuen Wissen fliegen wir los und sind nach gut 10 Stunden

Zurück in Deutschland

Die etwas andere, erdachte Weltreise mit all den ausgedachten Personen ist jetzt zu Ende.

Wenn ich die Lage der so genannten einfachen Sicherheitskräfte hierzulande und weltweit miteinander vergleiche, habe ich, wie in meinem ersten Buch bereits erwähnt, den Eindruck, dass es uns in Deutschland immer noch am besten geht.

Deswegen finde ich es unerträglich, wenn ich aus einem seriösen Fernsehbericht erfahre, dass Rechtsextreme immer noch auf einen fruchtbaren Nährboden stoßen, wenn sie in der privaten Wachindustrie arbeiten wollen. Die anfangs im Buch erwähnten Foren von privaten Wach- und Sicherheitskräften gegen Rechtsextreme in den eigenen Reihen sind hervorragend, können aber das Problem alleine nicht lösen.

Unsere Gesetzeslage ist nach meinem Verständnis leider nicht nur ein wenig verbesserungswürdig. Dabei geht es um doch auch und gerade darum, die oben erwähnten Foren in ihrer wichtigen Arbeit zu unterstützen.

Das wir als Hilfskräfte weltweit ganz weit unten stehen, lässt sich wie anfangs bereits erwähnt aus der hauptsächlich männlich geprägten Leistungsgesellschaft erklären. Nichtsdestotrotz stehen allen Menschen, egal, in welchem Berufszweig sie tätig sind, menschenwürdige Lebens- und Arbeitsbedingungen zu und das selbstverständlich weltweit. Denn jede und jeder muss über die Existenz der Menschenrechte Bescheid wissen und sie wirksam einklagen können, wenn sie ihnen vorenthalten werden. Es ist ein Skandal sondergleichen, dass genau das Millionen von ihnen nicht möglich ist, weil ebendiese Menschen bewusst unwissend gehalten werden. Somit stehen sie noch nicht einmal als Bittstellende da, wobei die private Wach- und Sicherheit meines

Wissens nur eine von vielen anderen Branchen ist, in denen Menschenrechte missachtet werden.

Hierzu gehören auch Achtung, Würde und Wertschätzung unserer Arbeit, sofern wir wissen, wie wir unsere Aufgaben zu erledigen haben. Aber dann haben wir selbstverständlich auch die Pflicht, eine dementsprechende Arbeit in akzeptabler Qualität möglichst fehlerfrei abzuliefern.

Dazu gehört auch, dass wir gerade bei uns in Deutschland endlich dazu bereit sind, über unseren eigenen Tellerrand hinauszuschauen und uns abgewöhnen, nur allzu oft auf viel zu hohem Niveau zu klagen.

So gesehen wäre es gut, eine solche Tour wie oben beschrieben Wirklichkeit werden zu lassen. Zu aller erst muss natürlich die Finanzierbarkeit abgeklärt und sicher sein. Erst danach kann die Planung beginnen.

Am schnellsten sind die Länder gefunden, die besucht werden wollen. Jetzt gilt es, private Sicherheitsunternehmen nicht nur zu finden und deren Interesse an dem Projekt zu wecken, sondern ebenso die Erlaubnis zu erhalten, mit ihrem Personal sprechen zu dürfen. Um sich mit den jeweiligen Wachkräften auszutauschen, sind Übersetzungsbüros unabdingbar, die für ihre Dienste natürlich bezahlt werden müssen.

Visa müssen beantragt und genehmigt, Flüge, Schiffs- und Busreisen gebucht werden, Unterkünfte ebenso. Erst wenn all das im Vorfeld erledigt ist, kann es auf große Fahrt gehen. Am Besten mit drei bis fünf Leuten, die ebenfalls als Wachkräfte arbeiten oder gearbeitet haben und auch noch Zeit haben, mitzureisen.

Vielleicht schaffen es eines Tages ein paar Menschen, alle oben genannten Hürden zu überwinden und lernen weltweit echte Chefs und ihr Sicherheitspersonal kennen, es würde mich sehr freuen. Nach einer sehr spannenden und lehrreichen Reise wären sie mit einem erweitertem Horizont zurück in Deutschland.

Zu meiner Person in Kürze

Im Jahr 1960 kam ich „praktisch einäugig" auf die Welt, heißt, es ist nur ein Auge zum Gucken da. Reicht mir aber auch. Bevor ich in der privaten Sicherheits- und Wachindustrie 2008 tätig wurde, arbeitete ich als ausgebildeter Textilreiniger in Wäschereien und Vollreinigungen.

Seit Anfang 2022 bin ich Rentner und nur noch so dann und wann erwerbstätig. Geistig und körperlich fit zu bleiben ist mir wichtig. Meine Frau und ich leben in Brandenburg.

Mein ganz persönlicher Dank gilt...

...in allererster Linie meiner Frau Martina, die mich auch bei meinem zweiten Buch über die private Sicherheitsindustrie am Rechner in puncto Technik tatkräftig unterstützt hat. Des Weiteren danke ich auch diesmal selbstverständlich dem Books-on-Demand-Verlag, Norderstedt für die freundliche und ebenso kompetente Unterstützung und Veröffentlichung des Werkes.

Zu den Quellennachweisen

Dieses Buch wäre ebenso nicht möglich gewesen ohne die nun folgenden Quellen aus dem Internet:

Ein globaler Überblick

https://linkedin.com: Key takeaways – working conditions in the private security - Working hours in the private security-industry, law, wages, long hours - Google Übersetzung 7 wichtige Erkenntnisse: Arbeitsbedingungen in der privaten Sicherheitsindustrie, Jamie Williamson, veröffentlicht am 10.12.2021

Deutschland

https://www.boeckler.de Hans-Böckler-Stiftung Branchenanalyse Wach- und Sicherheitsdienste, veröffentlicht im Juli 2023

https://wasinrw.de Rassismus im Sicherheitsgewerbe?
Veröffentlichkeitsdatum unbekannt

https://www.spiegel.de-justitz Halberstadt: Wachpersonal soll Flüchtlinge angegriffen haben - veröffentlicht am: 09.08.2019

https://swr.de Sicherheitsdienst, das Geschäft mit der Angst, Gerhard Klas – veröffentlicht am 03.05.2021

https://medien-mitweida.de Angriff auf die Grundrechte, Emin Aiche - veröffentlicht am 27.01.2023

https://www.labournet.de Du bist systemrelevant, wenn Dein Lohn nicht steigt... - Schutzlos ausgeliefert: Die Beschäftigten in der Sicherheitsbranche klagen über miese Löhne, schlechte Arbeitsbedingungen und unfaire Chefs - veröffentlicht am 05.03.2021, Wohin führt uns ein „Sicherheitsdienstleistungsgesetz" für das Sicherheitsgewerbe? - veröffentlicht am 16.08.2023

https://www.bdsw.de Daseinsfürsorge – müssen wir das Streikrecht reformieren? - veröffentlicht am 19.03.2019

https://innovation-gute-arbeit.verdi.de
Arbeitsbedingungen im privaten
Sicherheitsgewerbe – veröffentlicht im
August 2018

Exkurs: deutsche Wachbetriebe in Mexiko
https://www.gtai-exportguide.de Mexiko
bietet Chancen in der Zivilen
Sicherheitstechnik – veröffentlicht am
18.01.2021

Österreich

https://www.gesundearbeit.at Studie der
Universität Innsbruck in Kooperation mit
der Gewerkschaft Vida

Bewachung: Gewalt, niedriger Lohn und
sozial unverträgliche Arbeitszeiten –
veröffentlicht am 16.03.2018

https://www.derstandard.de Angepöbelt,
angespuckt: Sicherheitskräfte werden zu
Sündenböcken – veröffentlicht am
19.01.2022

Kroatien

https://europeandatajournalism.eu
What about the security of security-guards
Was ist mit der Sicherheit der
Sicherheitskräfte? Google-Übersetzung,
Veröffentlicht am 16.12.2019

Polen

https://www.db-thueringen.de reifenröther
Digitale Bibliothek Thüringen - Die
Privatisierung von privater Sicherheit in
Deutschland, Polen, USA,... -
veröffentlicht am 18.11.2021

Großbritannien

https://www.securityguard.co.uk Working
hours and conditions Google-
Übersetzung: Arbeitsstunden und
Bedingungen, Veröffentlichkeitsdatum
unbekannt

USA

https://www.db-thueringen.de
reifenroether Digitale Bibliothek
Thüringen, Die Privatisierung von
Sicherheit in Deutschland, Polen, USA,... -
veröffentlicht am 18.11.2021

Brasilien

https://theworld.org Who are Brazil`s
private securityguards who outnumber the
police? Google-Übersetzung: Wer sind
Brasiliens private Sicherheitskräfte, die
der Polizei zahlenmäßig überlegen sind? -
Veröffentlicht am 28.12.2022

https://www.nzz.ch
Sicherheitsunternehmen in Brasilien,
virtuelle Pförtner... - veröffentlicht am
18.11.2022

Australien

https://www.abc.net.au Australian
securityguards numbers are increasing. …
Die Zahl der australischen
Sicherheitskräfte steigt. … Google-
Übersetzung, veröffentlicht am 19.06.2023

Securityguards increasingly being treated poorly – union Google-Übersetzung: Gewerkschaft: Australische Sicherheitskräfte werden von Arbeitgebern schlecht behandelt, veröffentlicht am 11.12.2016

Japan

https://www.phaidra.univie.ac.at Masterarbeit/Masters Thieses Private Sicherheit in Japan – Das sicherste Land der Welt?...Sebastian Polak-Rottmann veröffentlicht 2017

Indien

https://idroline.org All work, no vaccines: securityguards and covid-19 Google-Übersetzung: Alle arbeiten, keine Impfstoffe : Sicherheitskräfte und Covid-19 veröffentlicht am 27.08.2021

Pakistan

https://linkedin.com Securityguards in Pakistan: Reality vs fiction Google-Übersetzung: Sicherheitskräfte in Pakistan: Wirklichkeit gegen Fiktion – veröffentlicht am 23.02.2023

Katar

https://www.amnesty.ch Zwangsarbeit im Sicherheitssektor – veröffentlicht am 07.04.2022

Burkina Faso, Mali, Senegal, Guinea, Sierra Leone, Liberia*, Elfenbeinküste, Ghana, Togo, Nigeria, Kamerun, Gabun, Demokratische Republik Kongo*, Äthiopien, Kenia, Tansania

https://observatoire-securite-privee.org Google-Übersetzungen heruntergeladen in den Jahren 2022, 2023, 2024. Die genauen Veröffentlichungsdaten konnte ich leider nicht ermitteln.

Südafrika

https://observatoire-securite-privee.org
Google-Übersetzung heruntergeladen s.o.

https://taz.de Kriminalität in Südafrika –
Der tägliche Horror veröffentlicht am
09.06.2022

https://www.news24.com Second
securityguard dies after Durban shooting
robbery - Zweiter Wachmann stirbt nach
Schießerei und Raubüberfall in Durban,
Google-Übersetzung, veröffentlicht am
22.02.2022

https://www.dcaf.ch Baseline study on
private security regualtion in the southern
south african region, Basisstudie über die
Regulation der privaten Sicherheit im
südafrikanischen Raum Google-
Übersetzung, veröffentlicht am 30.06.2020

https://www.slidedoc.com impact of female
security-guards Auswirkungen auf
weibliche Sicherheitskräfte, Google-
Übersetzung, Veröffentlichungsdaten
konnte ich leider nicht ermitteln

https://www.uniglobalunion.org why is the private security-sector lagging behind on gender equality? Warum hinkt der private Sicherheitssektor der Geschlechtergleichheit hinterher? Google-Übersetzung, Veröffentlichungsdaten konnte ich leider nicht ermitteln.

YouTube:VIC News „Violence and private security in South Africa veröffentlicht am 22.04.2014

Buch „Südafrika 151" von Elena Beis (2014) basierend auf dem Kapitel: „Securityguard – Mission Stillstand"

https://www.brandeins.de   magazine Sicherheit in Südafrika: Meine Burg – brand eins online veröffentlicht 2018

https://za.indeed.com salaries Security Guard salary in South Africa, veröffentlicht am 11.02.2024

Namibia

https://namibian.com.na Securityguards not payd for three month Sicherheitspersonal für drei Monate nicht bezahlt, Google-Übersetzung, veröffentlicht am 22.11.2022

*Liberia

https://www.thb.info Liberia weltweit größtes Register veröffentlicht am 28.07.2023 (zusätzlich zur oben angegebenen Quelle von Observatoire Sécurité Privée)

*Demokratische Republik Kongo

https://www.safethechildren.de Mehr Schutz im Kleinbergbau - veröffentlicht am 14.07.2022 (zusätzlich zur oben angegebenen Quelle von Observatoire Sécurité Privée)

Zurück in Deutschland

https://mdr.de Rechts und gewalttätig – Security außer Kontrolle veröffentlicht am 08.11.2023

Elivator Pitch

Im Mittelpunkt stehen die Lebens- und Arbeitsbedingungen der Menschen, die in der privaten Sicherheitswirtschaft tätig sind. Die Weltreise der etwas anderen Art beginnt in Deutschland, geht über alle fünf Kontinente und endet, wo sie begann. Sie gibt Antworten auf Fragen zur Einhaltung der Menschenrechte und auf die Art und Weise, wie „einfache" Wachkräfte weltweit wahrgenommen werden. Schließlich sind private Wachleute überall sichtbar. Es ist ein Blick hinter die Kulissen der oftmals sehr verschwiegenen Sicherheitsindustrie.

FSC
www.fsc.org
MIX
Papier aus ver-
antwortungsvollen
Quellen
Paper from
responsible sources
FSC® C105338